北京市特色高水平专业群（智能安全法务专业群）建设成果

北京市职业教育教学改革项目（G2022001）建设成果

U0836414

新时代文秘类专业新形态系列教材

总主编◎向　阳　　总主审◎李　忠

书记员应用文书写作

主　编◎高海霞　张迅雷　郭　洁

重庆大学出版社

图书在版编目(CIP)数据

书记员应用文书写作 / 高海霞,张迅雷,郭洁主编. -- 重庆:重庆大学出版社,2024.6
ISBN 978-7-5689-4108-2

Ⅰ.①书… Ⅱ.①高… ②张… ③郭… Ⅲ.①法律文书—写作—中国—职业教育—教材 Ⅳ.①D926.13

中国国家版本馆 CIP 数据核字(2023)第 163831 号

书记员应用文书写作
SHUJIYUAN YINGYONG WENSHU XIEZUO
主　编　高海霞　张迅雷　郭　洁
策划编辑:唐启秀
责任编辑:杨　扬　　版式设计:唐启秀
责任校对:谢　芳　　责任印制:张　策
*
重庆大学出版社出版发行
出版人:陈晓阳
社址:重庆市沙坪坝区大学城西路 21 号
邮编:401331
电话:(023)88617190　88617185(中小学)
传真:(023)88617186　88617166
网址:http://www.cqup.com.cn
邮箱:fxk@cqup.com.cn(营销中心)
全国新华书店经销
重庆市国丰印务有限责任公司印刷
*
开本:787mm×1092mm　1/16　印张:11　字数:230 千
2024 年 6 月第 1 版　2024 年 6 月第 1 次印刷
ISBN 978-7-5689-4108-2　定价:39.00 元

本书如有印刷、装订等质量问题,本社负责调换
版权所有,请勿擅自翻印和用本书
制作各类出版物及配套用书,违者必究

前　言

《书记员应用文书写作》作为法律文秘专业“书记员工作实务”课程的辅助教材及书记员综合能力实训、文秘综合能力实训的配套教材，编写的主要目标是培养学生的法律文书及行政文书的写作能力，使学生适应未来书记员及相关岗位的知识和能力需求。

书记员是人民法院的司法工作人员之一，负责案件审理的记录工作，并协助相关人员办理一系列司法辅助工作。根据人才培养方案调研和书记员的岗位能力分析，其典型的工作包括笔录制作、庭前事务准备、庭审记录、出庭诉讼、法律行政事务的处理等，对书记员的技能要求基本指向较强的法律文书写作能力。

另外，根据法律文秘专业的就业调查分析，本专业学生应具备基本的法律知识，除了从事书记员和法官助理工作，律师助理、乡镇或街道的行政秘书、基层社区工作者、企业法务等也是其重要的就业方向。这些岗位的基本要求是相应工作人员具有文书写作及处理能力。

结合书记员岗位要求和工作实际，本书内容分为两个模块：法律文书和行政文书。法律文书具体从民事法律文书、行政法律文书、刑事法律文书方面进行阐述，基本涵盖了书记员工作和律师助理工作中常见的文书类型，其编写的主要理论依据为《人民法院诉讼文书格式标准》和《法院诉讼文书样式》。行政文书主要依据《党政机关公文处理工作条例》，从中选取了书记员工作中常见的4个文种（通知、通报、通告、纪要）进行详细阐述。

本书在编写的原则上，一是突出实用性，着重培养学生理论联系实际的能力；二是充分吸收了法律文书研究和改革的新成果，用全新的司法理念和法律文书理论指导法律文书的写作和应用；三是结合职业教育特点，以系统化理论为指导，按照诉讼流程，逐一展开各个子项目。

需要强调的是，司法机关的法律文书包括11大类83个文种，《党政机关公文处理工作条例》规定的党政文书也有15种，作为法律文秘专业的职业教育教材，本书编写的指导思想是坚持以简驭繁，紧密结合书记员的工作实际，以典型的工作任务为核心，以最基础、最实用的法律文书和行政文书为案例，按照工作过程的系统化理念，进行活页式的教材设计，保证每一个项目既是工作流程中的一环，也是一个独立的项目任务，既便于教师开展实训，也可以帮助每位学习者有效掌握各个文种的写作技能，为以后的工作打下坚实的基础。

本书主要由高海霞、张迅雷、郭洁三位老师编写。张迅雷、郭洁负责诉讼文书内容的编写，高海霞负责行政文书内容的编写，全书由高海霞负责统稿。

由于编者水平有限，书中难免有疏漏、不足之处，望专家、同行和读者指正。

编　者

目　录

模块一　法律文书

模块二　行政文书

模块一　法律文书

导　言

学习情境

张×，××法院新入职的书记员，作为法院书记员，除了庭审速录，还需要处理日常的法律文书。因此，她首先需要了解法律文书的制作和处理流程。

学习任务

初步了解书记员在法院工作中会遇到和需要处理的常用法律文书。

任务分析

1. 熟练处理民事法律文书，能够对案件基本材料进行事实与法律分析，能对已经写好的民事法律文书进行校对和分析。

2. 熟练处理刑事法律文书，能够对案件基本材料进行事实与法律分析，能对已经写好的刑事法律文书进行校对和分析。

3. 熟练处理行政法律文书，能够对案件基本材料进行事实与法律分析，能对已经写好的行政法律文书进行校对和分析。

基础知识

一、法院书记员常用法律文书的概念

法院书记员常用法律文书，是指法院书记员在法院遇到和处理的一切具有法律效力或法律意义的文件、公文的总称。其制作主体可以是国家机关（包括非司法部门），也可以是律师、法律工作者。

“具有法律效力”的法律文书，是指具有强制执行性质的司法文书，这些文书一经生效就会凭借国家强制力被强制执行，如人民法院的判决书，生效之后就要依法将被告人交付法院执行。法院的各种判决书和裁定书，是法院诉讼中必不可少的环节，未经法院判决，法院便不能对案件进行执行，从这个意义上看，判决书具有明显的法律效力。“具有法律意义”的文书，则是指只有某方面的法律意义，而不直接发生法律效力的法律文书，它是诉讼活动中不可缺少而又非据以强制执行的文书，如民事起诉状、

行政起诉状等法律文书。

书记员常用的法律文书一般包括两大部分：规范性法律文书和非规范性法律文书。所谓规范性法律文书，指文书的内容属于普遍的法律行为规范，是由国家立法机关正式颁布实施的法律、法令等，对每个人都具有约束力。依据内容和效力的不同，规范性法律文书又包括宪法和法律两项内容，例如《中华人民共和国民法典》《中华人民共和国刑事诉讼法》以及我国承认和参与的各种国际条约、公约。非规范性法律文书，是指针对具体人或个别事物而发布的法律文件，其并非人人都要遵守的行为规范，而只是对特定的对象有效，是适用法律的结果，是一种法律事实。其制作主体除了国家机关，还有自然人和法人。例如司法机关在执法过程中涉及的审判文书，非司法机关制作的自然人起诉、应诉的各种文书等。

书记员常用法律文书只限于诉讼活动中司法机关和诉讼参与人制作的文书，制作主体的范围相对较小。书记员法律文书仅是指人民法院在诉讼活动中为处理各类案件而制作、使用的文书。

二、法院书记员常用法律文书的性质

法院书记员常用法律文书的性质具体表现为以下三方面：

第一，公文文体性质。书记员法律文书专门应用于法律领域，其涉及独特的交际对象和交际职能，以及特殊的制作主体、内容和形式，因而从文体上看它是一种实用性很强的专用文书，而非通用文书。

第二，法律学科性质。由于书记员法律文书是实施法律、处理各类诉讼案件的工具和凭证，因此它首先属于法学范畴。它以法律公文为研究客体，是一门法学分支学科。同时，法律文书以篇章的形式出现，对有关案件的事实、理由等众多内容加以叙述、论证，使之在结构布局、语言运用、表达方式上汲取了文章写作学、语言学等学科的内容，可见法律文书既非文学写作，也非法学理论，它是将诉讼法、实体法与文章写作学等进行综合运用的综合学科。

第三，专业课程性质。法律文书是专门应用于法律领域的写作，是为法律工作服务的，其内容会涉及各类实体法和程序法，具有鲜明的法律专业特点；法律文书的制作在形式上有统一的格式，限制了制作者的主观随意性，这与法律的严肃性密不可分。

三、法院书记员常用法律文书的特点

第一，法律文书内容的法定性。其主要体现在内容的合法性和规范性两方面。做到内容的合法性有两点：正确适用实体法和程序法；履行法定手续。大量的法律文书要解决实体问题，因而在制作时必须“以事实为根据，以法律为准绳”，叙述事实、论证理由、得出结论都应坚持与实体法相适应的原则，如刑事案件要“罪罚相当”，绝对不能出现定罪量刑方面的差错。另外，制作法律文书要有一定的法律依据，主要依据诉讼法，尤其是某些重要的法律文书离不开程序法的规定。例如，重要的民事法律文书主要是依据民事诉讼法的有关规定制作的。这些文书既要反映诉讼活动的程序，又是进行各项诉讼活动的文字凭证，所以每个重要的诉讼环节应制作什么样的法律文书都是有相应规定的。只有判决书才是具体体现提起审判职能的法定文书。这些程序有的在诉讼法中有明文规定，有的是法律机关内部规定的。

另外，为了保证迅速、及时地审结案件，有效地实施法律，诉讼法还对某些重要文书的制作作出了严格的时限规定。比如《中华人民共和国民事诉讼法》第一百五十二条规定："人民法院适用普通程序审理的案件，应当在立案之日起六个月内审结。"这就要求各级人民法院从立案的第二天到案件审结，不得超过六个月。以上各方面都体现了内容的法定性这一特点。

法院书记员常用法律文书还要求内容的规范性。所谓内容的规范性，指法律文书的写作内容每部分都有明确的规范，只有准确、完整地写清各项要素，才符合各种法律文书的法定要求，才能使其在实际工作中发挥作用。其中因文种不同，其内容事项也有不同的规定和要求，并且不能任意增减或颠倒顺序。比如审判文书中公诉案件的一审刑事判决书，其事实部分首先应概述控辩双方的意见，其次详写法院审查认定的事实、情节和证据。这就构成了该文书的内容要素，而制作时其则有更具体的要素。这些要素不是随意组合的，而必须依序严格排列，只有写明这些要素，才能判明被告人的犯罪性质、罪名及犯罪情节的严重程度，为法院依法定罪量刑提供事实依据。

法律文书的内容既要符合法律规范又要遵循要素规则，这样才能极大地保证文书的严肃性与权威性，这是每位制作者都应严肃对待的。

第二，书记员法律文书形式比较程式化。这一特点主要体现在结构布局的固定性方面，针对这一特性我国人民法院制定了具体的法律文书样式。最高人民法院通过发布各类文件统一了法院的常用法律文书格式。文书格式体例简明，用途单一，要求明确，通俗易懂，符合我国有关法律、法规和司法解释的要求，是在反复实践、认真推敲的情况下拟定的，具有很强的科学性、规范性、权威性、实用性，为法院工作的顺利运转提供了便利。

书记员法律文书的结构，其大部分可以划分为首部、正文（主体）、尾部三大板块，每一部分又包含不同的固定构件。除了结构上的固定布置，最能体现法律文书程式化的外在特征是部分用语的成文化，无论是民事文书还是刑事文书、行政文书，都有这种非常精练、不可增加或删减文字的固定语句。这类语言已经过实践的反复检验，成为不可移易的程式化表述文字。又如，文书中关于当事人的称谓，必须严格依照法律规定来写，如"原告、被告"（第一审民事案件）、"原告人、被告人"（第一审刑事案件）等，都是相对固定、有法可依的，绝不能随意代替。

第三，具有很强的法律效力。书记员制作的法律文书具有很强的实效性，其一旦生效，便由国家的强制力保证实施，任何机关、单位和个人都必须执行或认可，否则其将承担法律后果。由此可见，书记员制作的法律文书作为具体实施、报告国家法律、法令的形式，不仅关系到国家法律的实施、适用，同时关系到诉讼当事人诉讼权利的行使和义务的履行，更是考察法院书记员工作能力的标杆。因此，书记员制作法律文书一定要“以事实为根据，以法律为准绳”，严谨求实，精益求精，以保证法律的尊严，维护诉讼当事人的正当利益，提高人们的法律意识。

四、法院书记员常用法律文书的分类

根据我国宪法的规定，我国人民法院是国家司法机关中的审判机关，人民法院的基本职能就是审判案件。按照人民法院审判案件的性质不同，书记员常用法律文书可以分为民事判决书和裁定书、刑事判决书和裁定书、行政判决书和裁定书以及起诉状、上诉状等法律文书（图 1.1）。

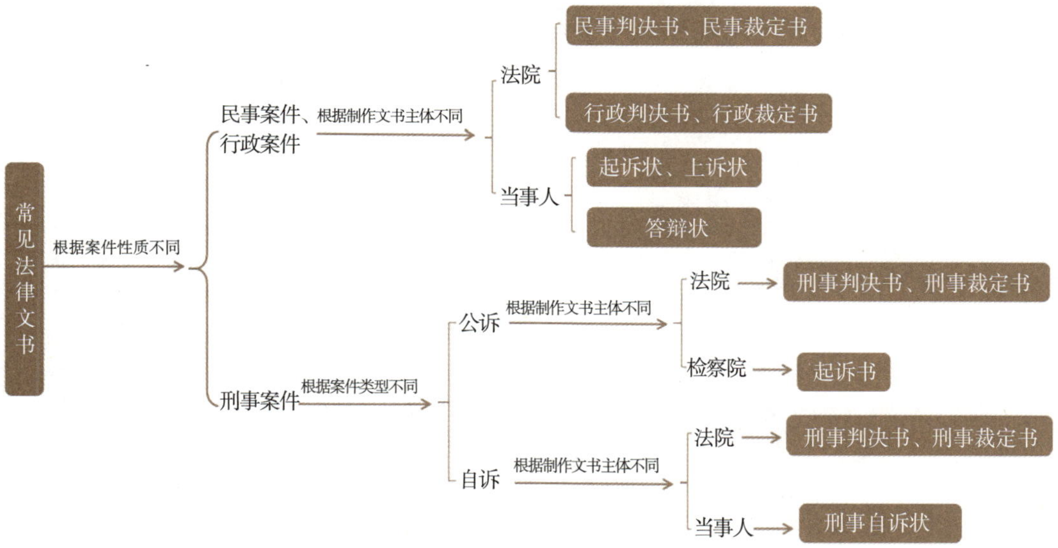

图 1.1　常见法律文书

项目一
民事法律文书

我国人民法院进行民事诉讼的具体流程包括：起诉、受理、审查、开庭、审理、判决、执行等。在相应的民事诉讼流程中，法院书记员在工作过程中经常用的法律文书有民事起诉状、代理词、民事裁定书、第一审民事判决书、第二审民事判决书等法律文书。具体程序如图1.2所示。

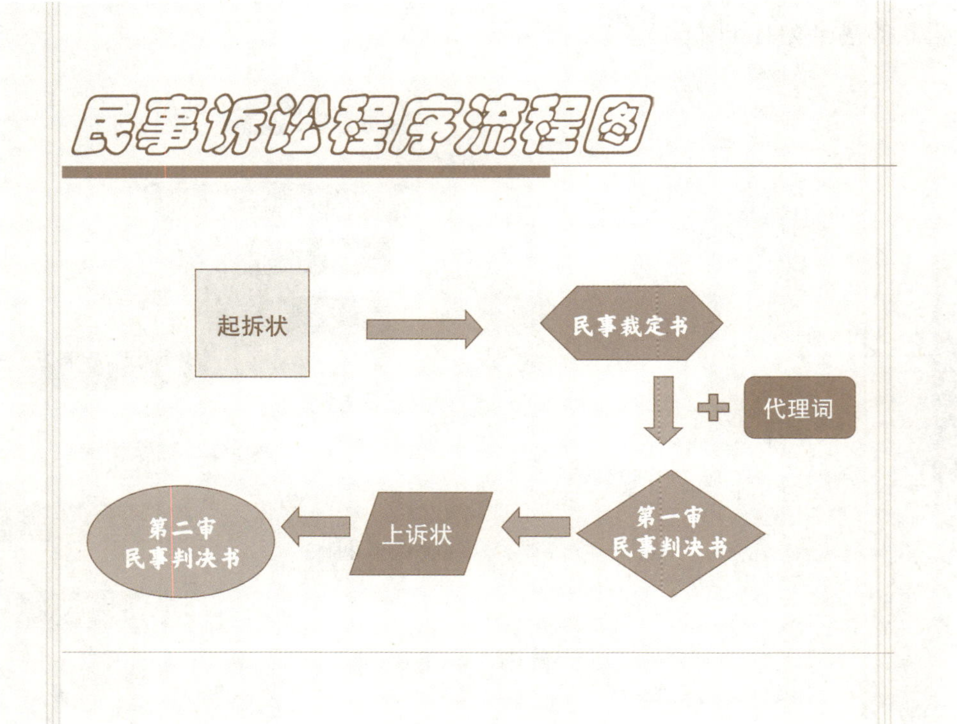

图1.2 民事诉讼程序流程

项目1.1　民事起诉状

学习任务

制作一份民事起诉状。

知识和能力目标

作为引发民事诉讼的第一个法律文件，民事起诉状不仅是律师的常用法律文书，也是书记员应看懂、能书写的一种法律文书。因此通过学习民事起诉状的概念、格式和例文等内容，可培养学生基本的核心业务能力。在本项目的任务驱动下，学生应熟练掌握撰写民事起诉状的能力，并能够对当事人提交的起诉状进行事实与法律的分析。

案例引入

2021年1月11日，陈×驾驶出租车在北京市海淀区晋元桥辅路行驶过程中，由于操作失误冲向路牙，与正在路牙推行电动车的许×相撞，造成许×受伤，并使许×的电动车及电动车上放置的验钞机完全损坏。请你代替许×撰写一份民事起诉状。

基础知识

一、概念

民事起诉状是自然人、法人或其他组织为了维护自身的合法权益，根据事实和证据，依照民法和民事诉讼法的规定，提起诉讼，请求人民法院予以支持，保护其民事权益的诉讼文书。

我国民事诉讼的案件主要表现为以下纠纷：婚姻纠纷、赡养纠纷、债务纠纷、房产纠纷、继承纠纷、契约（合同）纠纷、财物纠纷、伤害赔偿纠纷、著作权纠纷、专利权纠纷、不正当竞争纠纷、劳务（动）纠纷、名誉权纠纷、肖像权纠纷、经济赔偿纠纷、性骚扰纠纷、噪声污染纠纷以及“精神赔偿”纠纷等。

二、民事起诉的条件

根据我国民事诉讼法的规定，民事纠纷当事人起诉必须符合四个条件：

（1）起诉人是与本案有直接利害关系的自然人、法人和其他组织；

（2）有明确的被告；

（3）有具体的诉讼请求和事实、理由；

（4）属于人民法院受理民事诉讼的范围和受诉人民法院管辖。

凡是符合上述条件的当事人，都依法享有起诉的权利。

三、格式

普通程序的民事起诉状主要有两种：一种是自然人起诉使用的，另一种是法人或其他组织起诉使用的。

1.适用于自然人提起民事诉讼的起诉状格式

民事起诉状

原告（姓名、性别、出生年月日、民族、籍贯、职业、工作单位和职务、住址等）。

被告［姓名、性别、年龄、出生年月日（确实不知道的只写年龄）、民族、籍贯、职业或工作单位和职务、住址等。被告是法人、其他组织的，应写明其名称和所在地址］。

第三人（身份事项同被告写法）。

诉讼请求

事实与理由

证据和证据来源、证人姓名和住址

此致

××人民法院

起诉人：（姓名）

××××年××月××日

附：本诉状副本×份

2.适用于法人或其他组织提起民事诉讼的起诉格式

民事起诉状

原告名称略（写明法人或单位的全称和所在地址、电话）。

法定代表人（或代表人）：略（姓名、职务、电话）。

被告名称略（写明被告单位名称及所在地址、电话，被告是自然人的，应写明其姓名、性别、年龄、民族、籍贯、职业或工作单位和职务、住址等)。

第三人（身份事项同被告写法）。

诉讼请求

事实与理由

证据和证据来源、证人姓名和住址

此致

××人民法院

起诉人：（单位名称全称）

（加盖单位公章）

××××年××月××日

四、内容和制作方法

其内容由三部分组成：（1）首部，包括标题、当事人身份事项；（2）正文，包括诉讼请求、事实和理由以及证据；（3）尾部，包括致送法院名称、写明本状副本数以及起诉人签署等。

1. 首部事项

第一，标题为“民事起诉状”不可单写“起诉状”三个字，也不可错写成“民事诉状”或“民事起诉书”。位置居中，标题要醒目。

第二，第三人并非在所有的民事诉讼案件中都存在，但是案件中有第三人的，其身份介绍与原告和被告的介绍内容是相同的，不能省略必要成分的介绍。

第三，关于原告、被告的事项，两种格式要求不同。

凡涉及自然人身份的，各种事项要齐全、准确，且顺序不能颠倒。

有诉讼代理人的，应分别在其下面列写“法定代理人”和“委托代理人”的情况。“法定代理人”要写明身份事项及与原告、被告的关系；委托代理人是自然人的，一般要写明代理人的姓名、性别、年龄、工作单位和住址；代理人是律师的，只需要写明姓名和所在律所。原告、被告有数人的，按其权利义务大小依次列写。

2. 正文事项

第一，写明诉讼请求。诉讼请求是起诉状的目的所在，是全起诉状的眼睛，其必须要具体，即应写明请求人民法院解决什么争执，满足原告什么具体要求。

第二，写明证据。

第三，写好事实和理由。

（1）关于事实的写作要点。

首先，要交代清楚当事人之间的法律关系。其次，要叙述清楚客观案情要素。要注意两点：一要实事求是，不违背常情事理；二要抓住关键或主要情节，删芜去杂，有详有略，明白直书。切忌事无巨细，一一铺陈。

主要情节是指原被告发生纠纷的起因、时间、地点、侵权内容、经过、侵权结果以及争执的焦点或主要分歧。示例如下：

我认为，被告独占遗产的理由是不能成立的。

首先，我与被告对老人所尽的赡养义务大体相当：（1）关于负担老人生活费的问题。从2008年到2020年父母去世前这段时间，我在外地坚持每个月寄1000元生活费供养二老，这一事实，父母的邻居李××可以证明。同时，二老去世时，我和被告共同承担了安葬费。这一事实，××市××街××组组长刘×芝能够证明。（2）关于伺候老人的问题。被告一家在生活上伺候老人，这是事实；但是二老在世时帮助被告操持家务，这也是事实。况且，我在外地工作，无法直接照顾老人，因此，被告对老人尽一些伺候的义务也是理所当然的。

（2）关于理由的写作要点。

论证理由应注意以下具体要求：

①明确诉讼请求为中心论点。

②要有针对性。

③说理层次清晰。一般可按三个层次展开：第一层次，对被告侵害事实进行概括、归纳（突出侵权结果及争执点），使案情与分析衔接呼应。第二层次，依据有关实体法、法规、政策等，联系上述事实，结合证据，针对争执点，指明被告行为的违法侵权性质，原告正当权益应该受到保护。第三层次，提出或再次强调诉讼请求，并援引民事诉讼法的相应条款作为提起诉讼的法律依据。上述三个层次，应简明扼要，连贯严谨。

例如，前面提到的一份继承案起诉状，其“结语”的理由是这样写的：

综上所述，被告王×不顾事实，不念手足之情，独吞父母遗产，既悖常理，又违法律。《中华人民共和国民法典》第一千零七十条规定：“父母和子女有相互继承遗产的权利。”第一千一百三十条规定：“同一顺序继承人继承遗产的份额，一般应当均等。”根据上述事实和法律，我认为自己不但有权利继承父母遗产，而且有权利与被告平均继承父母遗产。根据《中华人民共和国民事诉讼法》第×条之规定，特向贵院提起诉讼，请依法律秉公而断，保护我的合法权益不受侵犯！

民事起诉状论证理由的方法应该因案而异。其一般采取立论的方法，例如下面这份“技术合作合同纠纷”案的起诉状。

原告认为，双方所签订的联合生产吊钩电子秤协议，明确规定了研制的技术成果为我厂财富之一。然而被告和第三人背着我们，暗地将我厂研制的吊钩电子秤的技术成果窃取，使我厂蒙受了重大的技术损失，在客观上给我厂造成了很大的损失。因此，这不仅是一个良心、道德问题，而且是一种侵犯我厂合法权益的违法行为。据此，依据《中华人民共和国民事诉讼法》第二十四条、第一百二十二条之规定，特向你院起诉，请依法判决。

3. 尾部事项

结束语“此致”相当于一个单独的段落，置于另起一段的开头（即退后两格）；受理法院名称应换行顶格；本状副本数应与被告及第三人的人数相等；落款应写“起诉人”，不能笼统写“具状人”，年月日应写向人民法院递交起诉状的实际日期。法人单位、组织应加盖公章。

例文示范

1. 自然人提起民事诉讼

民事起诉状

原告葛××，男，1968年4月2日出生，汉族，山东省××市××区人，农民，现住××区×镇×村。

被告赵××，女，1974年9月20日出生，汉族，山东省××市人，农民，住济南市××区×镇×村。

诉讼请求

1. 依法解除婚姻关系；
2. 婚生男孩冯×与原告共同生活，由被告承担抚育费；
3. 财产依法分割。

事实与理由

2010年9月，我与被告赵××经人介绍相识，于2011年10月6日结婚，婚前关系融洽，婚后感情一般。2012年9月15日生下一男孩葛×。同年11月我外出务工，被告在家料理家务，后被告有作风问题被我发现致使双方产生隔阂，经常为此争吵打架。2018年8月被告与人私奔，我乘车将她接回。回家后被告仍不思家务，置丈夫与孩子于不顾，又于2019年2月20日以给小孩儿买衣物为名去××市，从家中拿走现金20000元再次出走，次日我组织人员四处寻找，但至今音信皆无。

被告赵××屡次抛弃家庭、孩子出走的行为，已严重伤害了夫妻之间的情感，影响了孩子的健康成长，导致夫妻感情的完全破裂，根据《中华人民共和国民法典》第一千零七十九条、一千零八十五条、一千零八十七条条之规定，特向人民法院提起诉讼，请求依法判决。

证据和证据来源，证人姓名和住址

我与被告相识结婚，有介绍人郑×、赵×证实，他二人现与我住同村。

被告与人私通之事，有刘×和被告之兄杨××证实，此二人与我现住同村。被告两次离家出走，有郑×、赵××、杨××等人证实，他们与我住同村。

此致

××区人民法院

附：起诉状副本1份

起诉人　葛××

2022年11月10日

2. 法人或其他组织提起民事诉讼

民事起诉状

原告合阳县××物流有限公司。

住所：陕西省渭南市合阳县。

法定代表人杨××，该公司总经理。

委托诉讼代理人王××，陕西××律师事务所律师。

被告杨×卫，男，1971年3月24日出生，公民身份号码：61210219710324××××，汉族，住陕西省韩城市。

委托诉讼代理人牛×，男，1971年10月10日出生，公民身份号码：61210219711010××××，汉族，住陕西省韩城市。

被告牛×，女，1974年10月12日出生，公民身份号码：61210219741012××××，汉族，住陕西省韩城市。

诉讼请求

1. 判令被告返还原告借款57238.49元及利息（利息以57238.49元为本金，按照月息

1%计算，自2018年12月27日起计算至被告全部清偿之日止)；

2.本案诉讼费、保全费、保全责任保险费由被告承担。

事实与理由

2013年7月30日原、被告签订《汽车消费借款购车合同》，合同约定被告向原告借款137000元，原告替被告购买车牌号陕E××××××汽车一辆，交给被告经营，月利率为1%，被告享有车辆使用权，原告在被告还完款项之前保留车辆所有权。合同签订后，被告使用车辆至2018年12月26日，后被告与原告进行结算并由被告签字确认，被告共欠原告57238.49元。现原告联系被告索要欠款未果。

原告依据合同已经履行完自己的合同义务，而被告未按照合同约定还款的行为违背了诚实信用原则，现依据《中华人民共和国民法典》第六百七十四条、六百七十五条的规定提起诉讼，请求法院依法判决。

证据和证据来源，证人姓名和住址

1.原、被告双方签订的《汽车消费借款购车合同》，现双方各存一份；

2.被告杨永卫就车款137000元向原告出具的借条一份；

3.被告签字的欠款明细表一份。

此致

陕西省合阳县人民法院

2023年4月1日

习作训练

民事起诉状

原告许××，男，汉族，1968年12月10日，住址：河南省唐河县××镇××村许岗××号，电话：××××××

被告一北京××实业股份有限公司，住所：北京市丰台区××镇×××路××号

法人代表李××职务：总经理　电话：××××××

被告二陈××，男，汉族，1973年9月27日，住址：北京市延庆区×××镇××村××号，电话：××××××

被告三安盛××财产保险股份有限公司北京分公司，住所：北京市东城区××大街××号××大厦701—703室

法人代表皮××　职务：总经理　电话：××××××

诉讼请求：

1.请求法院判令被告赔偿医疗费8592.08元、误工费3150元、住院伙食费500元、

交通费110元；

2.请求法院判令被告赔偿事故造成的电动车验钞机损失3780元；

3.请求法院判令被告承担全部诉讼费用。

事实与理由

2021年1月11日，被告二陈××驾驶车牌号为京××××××的出租车在北京市海淀区晋元桥辅路由东向西行驶过程中由于操作失误冲向路牙，与正在该路段推行电动车的原告相撞，造成原告受伤，并使原告的电动车及电动车上放置的验钞机完全损坏。后经北京市海淀区交通支队认定被告二在事故中负全部责任。事后，原告在医院住院治疗，花去诊疗费、挂号费、住院费等各项医疗费用8592.08元，误工21天损失为3150元。

经调查，被告二陈××是被告一北京××实业股份有限公司的员工，其驾驶车辆也为被告一所有。事故发生时，被告一在被告三安盛××财产保险股份有限公司投保。因此原告认为三被告应一同为事故的损害承担责任。

依据《中华人民共和国民法典》第1179条的规定，被告理应对给原告造成的损失进行赔偿，但在事故发生后，原告一直向被告请求承担责任，被告却一直拒绝赔偿。不得已依据《中华人民共和国民事诉讼法》第29条的规定，原告向法院提起诉讼，请求法院依法判决。

此致

海淀区人民法院

原告许××

2019年5月10日

项目1.2　民事代理词

学习任务

制作一份民事代理词。

知识和能力目标

通过学习民事代理词的概念、格式、例文等内容，培养学生进行法律工作的核心业务能力，使学生学会独立撰写一份民事代理词，并能归纳案件的争议点，同时能针对争议点结合法律与事实进行论证。

案例引入

原告吕××，男，汉族，1988年10月4日出生，住北京市石景山区××××，电话：136××××××××

被告北京××万通××国际投资有限公司　法定代表人：张××

住所地北京市石景山区××××，电话：136××××××××

2018年10月原告从被告处购买坐落在石景山八角街道TSM-南区××××-××××馨园25#地块1#办公楼10层1105的预售商品房一套，并签订了商品房预售合同。按照合同的约定［第二十一条第（二）项］，原告委托被告办理房屋权属转移登记。如因被告原告未能在商品房交付之日起550日内取得房屋所有权证书的，原告有权取得自应当取得房屋所有权证书的期限届满之次日起至实际取得房屋所有权证书之日止，被告按日计算向原告支付全部已付房款万分之零点五的违约金。合同签订后，被告于2019年9月25日向原告交付房屋，按约定被告最迟应于2021年的3月28日交付房产证，但原告实际取得房产证的时间是2021年11月28日，这距离原告有权取得房产证的时间已经超出了245天，被告理应向原告支付违约金。

针对原告的起诉被告主张已经超过诉讼时效，对此你怎么看？请站在原告的角度完成一份代理意见。

基础知识

一、概念

代理词属于律师在法庭上的演说词，又称为代理意见，是代理人在法庭辩论阶段，为维护委托人合法权益，适用法律知识以自己的语言论述、分析案件性质和当事人之间争议表达辩论意见的法律文书。

代理词按照案件性质，主要分为民事代理词、行政代理词和刑事自诉代理词，另外，还有刑事附带民事代理词；按照委托人诉讼地位，其主要分为原告代理词、被告代理词、第三人代理词；按照诉讼程序其又可分为一审、二审代理词等。我们主要介绍的是民事代理词。

二、民事代理词的格式

代理意见（代理词）

尊敬的审判长、审判员、人民陪审员：

北京市××律师事务所接受原告（或被告、或第三人，也可以写清当事人的姓名或全称）的委托，指派我担任原告（或被告、或第三人）在本案中的诉讼代理人，在本案开庭之前，我已经阅读了与本案有关的证据，向有关的证人了解了情况，阅读了本案的卷宗，对本案的事实有了基本的了解。通过刚才的法庭调查，我认为本案的事实已经查清，现根据事实和法律，发表如下代理意见：（这部分为前言）

……（针对当事人双方争议的焦点，根据事实、证据和相关法规，对当事人双方产生纠纷的原因、争执的焦点进行具体、深入地分析，分清责任是非）（这部分是正文，是代理意见）

综上所述，我认为，本案原告（或被告、或第三人）提出的诉讼请求（或答辩意见）有据合法，应该得到法院的支持，所以，请求人民法院对本案作出判决，以保护原告（或被告、或第三人）的合法权益。（这部分是结束语，要简明扼要说明对本案的处理意见）

原告代理人×××

××××年××月××日

三、内容和制作方法的结构

代理词的结构大致由四部分组成：

（1）首部。包括标题（《××案件代理词》）、提示语（或称“呼告语”，提示“审判长、审判员、人民陪审员”，抬头顶格）。

（2）前言。内容是简要说明依法受何单位指派和受何人委托担任本案某一方当事人的诉讼代理人；说明开庭前做了哪些调查工作；表明对法庭调查阶段的看法和代理发言要点。

（3）代理意见（正文）。这是代理词的重心或主体部位。其具体写法和内容，因案而异。但其一般要求是从维护委托人的实际利益出发，根据事实、证据和法律、法规、政策等，论证委托人诉讼请求的正确性，对方当事人行为的非法性以及承担民事责任的应当性。从表达方式上说，这一部分是论说文字，要求论点鲜明，论据充分，论证严密，语言朴实、生动。

（4）尾部。其包括结束语、代理人署名。结束语的内容是总括归纳正文的观点，提出简明的诉讼请求或处理意见。要注意与前面内容相互照应，做到首尾连贯。

例文示范

代理词

尊敬的合议庭审判长、审判员：

根据《中华人民共和国民事诉讼法》第六十一条之规定，××律师事务所接受原告西安××有限公司的委托，指派我担任其在本案中的代理人，参与本案本审的全部诉讼活动。现根据法庭调查中已经查明的事实，依据法律发表如下代理意见，请合议庭考虑并采纳。

一、原被告之间的买卖合同真实、合法、有效，应当受到法律的保护

原被告于2020年11月签订《买卖合同》，合同约定由原告向被告提供黄沙、石子、水泥、砖头等建筑材料，被告分阶段付款。代理人认为，双方之间是本着自愿、公平、诚实信用的原则签订的《买卖合同》，是双方的真实意思表示，其内容并不违反法律法规的强制性规定，也未损害他人的合法权益，所以该合同应当受到法律的保护，双方均应当遵守合同约定，切实、充分、全面地履行合同。

二、被告拒不履行合同付款义务的行为已构成严重违约，原告有权依据法律规定解除与被告之间的合同，并要求其承担违约责任，支付违约金

（一）被告拒不履行合同付款义务的行为已构成严重违约，应当承担违约责任

根据合同约定及双方的往来单据可知，原告供货期间为2020年11月9日至2021年2月4日，供货总金额约为9万元。截至2020年12月31日，原告供货金额为87936元，对于该部分货款，被告在2020年年底前分文未付；从2021年1月1日至2021年2月4日，双方之间发生的交易金额仅为1516元，且此后再无发生交易。

代理人认为，被告拒不支付该货款的行为已经构成严重违约，根据《中华人民共

和国民法典》第五百七十八条之规定“当事人一方明确表示或者以自己的行为表明不履行合同义务的，对方可以在履行期限届满之前要求其承担违约责任”，故原告可以要求被告承担违约责任。

（二）原告有权依法解除与被告之间的《买卖合同》

根据《中华人民共和国民法典》第五百六十三条之规定“有下列情形之一的，当事人可以解除合同：……（二）在履行期限届满之前，当事人一方明确表示或者以自己的行为表明不履行主要债务；（三）当事人一方迟延履行主要债务，经催告后在合理期限内仍未履行；……”，本案中，经原告多次催要，被告仍拒不履行合同付款义务的行为，已构成违约，原告有权依据该规定解除与被告之间的合同。

（三）被告应当承担违约责任，向原告支付违约金

根据被告的上述违约行为及《买卖合同》第八条之规定，因被告仅于2021年2月17日支付1.5万元货款，至今仍欠付7.5万元，故本案中被告需承担的违约金应以7.5万元为基数，按日违约金5‰计算，从2021年2月18日计算至被告实际付清欠付货款之日止。

综上，代理人认为，被告在付款条件已经成就的情况下，经原告多次催要，拒不付款的行为，已经严重违反了合同约定，根据《民法典》的相关规定，原告有权解除与被告之间的合同，并要求被告承担违约责任，按合同约定支付违约金。故，请求人民法院支持原告的诉讼请求。

代理人陈××

2022年6月11日

习作训练（引入案例参考答案）

代理意见

尊敬的审判长、审判员、人民陪审员：

北京市××律师事务所接受原告的委托，指派我担任原告在本案中的诉讼代理人，在本案开庭之前，我已经阅读了与本案有关的证据，向有关的证人了解了情况，阅读了本案的卷宗，对本案的事实有了基本的了解。通过刚才的法庭调查，现在的争议点主要在原告的诉讼请求是否已经过了诉讼时效上，针对这一问题，我提出以下几点代理意见：

一、主张自合同约定的逾期交付房产证之日至实际取得房产证之日的违约金，是双方当事人在合同中所确定的一种完整的合同权利。

原告的诉讼请求并非房产证的取得，而是对其违约金请求权的行使，即是按照合同的第二十一条约定的出卖人按日计算的违约金。合同中所约定的违约金是根据违约

行为持续发生的状况而“累加计算”的，对于购房方来讲，主张自合同约定的逾期交付房产证之日至实际取得房产证之日的违约金，是双方当事人在合同中所确定的一种完整的合同权利，原告拥有的是一个按日计算违约金请求权。因此，《中华人民共和国民法典》一百八十八条所规定的“知道或应当知道权利受到侵害”的诉讼时效起算点在本案中应是知道或应当知道其违约金请求权受侵害的时间，而非没有按期取得房产证的时间。合同中已经明确约定被告支付违约金的时间应是原告实际取得房屋所有权证书之日起15日内，待原告实际取得房产证之日起15日届满，原告仍未取得违约金的时间才应是原告知道其权利受侵害的时间，也就是这个时间才应是诉讼时效的起算点。

二、按照被告对诉讼时效的计算逻辑，合同中的违约金条款将没有任何意义，违背了当事人意思自治的基本原则。

按照被告对诉讼时效起算点的计算逻辑，实际交房之日起的550日期限一旦届满，原告就应积极起诉，那么合同中的关于违约金的约定将没有任何意义。

首先，违约金的数额计算将没有依据。合同中约定的违约金计算方式为“自买受人应当取得房屋所有权证书的期限届满之次日起至实际取得房屋所有权证书之日止”按日计算，原告拥有的是一个按日计算违约金请求权。被告的观点实际上没有考虑到按日累计的违约金请求权的特殊性。该类债权的特点是总额按日累计，不断变化，随着延迟时间的延长而不断增加。若按被告的观点操作，将诉讼时效归于消灭，就意味着被告违约的时间越长，对其越为有利，有鼓励违约的嫌疑。这在逻辑上难以自圆其说，对债权人来说也是不公平的。

其次，合同中已对违约金的支付时间作了明确约定，即：原告实际取得房屋所有权证书之日起15日内。若按被告的逻辑，原告就不应该给予被告支付违约金的15天期限利益，而是一旦到期没有取得房产证就应起诉。这显然与订立合同时双方的意思表示是不符的。

综上，双方签订的商品房预售合同中的第二十一条事实上是一个非常完善的条款，既涉及了违约行为的认定（即房屋交付之日起的550日内没有取得房产证），又涉及了违约行为发生后违约责任的处理问题，不仅约定了违约金的计算方式，也约定了违约金的支付时间。原告现在的诉求就是违约行为发生后依据违约金条款承担违约金的问题，这个问题显然应当按照合同条款处理，而不是按被告的逻辑，使违约金条款形同虚设，这样违背了意思自治的合同法基本原则。

原告代理人郭×

2021年10月13日

项目1.3　第一审民事判决书

学习任务

制作一份第一审民事判决书。

知识和能力目标

通过学习第一审民事判决书的概念、格式、例文等内容，培养学生具备法院书记员工作的核心业务能力，培养学生熟练掌握独立撰写第一审民事判决书的能力，并具备对已有的第一审民事判决书进行校对的能力。

案例引入

原告李××，男，1985年8月15日出生，汉族，住北京市××区。

被告王××，男，1981年10月23日出生，汉族，住北京市××区。

2020年9月24日，王××以修车为由向李××处借款30000元，双方未约定利息标准，未明确约定还款时间，经李××多次催要，王××至今未偿还借款。之后原告李××向××区人民法院提出诉讼。原告请求：1.判令被告偿还借款30000元；2.诉讼费由被告负担。

法院认为，根据我国民事诉讼法的规定，当事人有答辩并对对方当事人提交的证据进行质证的权利，本案被告王××经本院合法传唤，无正当理由未出庭应诉，视为放弃了答辩和质证的权利。李××主张其与王××之间系民间借贷关系，并提交双方的微信聊天记录予以证明，因王××未出庭应诉，亦未对此提出异议，故本院认定李××与王××之间确系民间借贷法律关系。现李××主张王××偿还借款30000元的诉讼请求，理由正当，证据充分。

据此法院依照《中华人民共和国民法典》第六百七十五条、《中华人民共和国民事诉讼法》第一百四十四条之规定，判决被告王××偿还原告李××借款30000元。案件受理费275元，由被告王××负担。

判决书编号：2021年第0112号；作出判决时间：2021年8月5日。

基础知识

一、概念

第一审民事判决书是指人民法院在第一审民事诉讼中，为解决具体的民事权利义务的争议，就案件的实体问题依法制作的具有法律效力的文书。

二、种类

按照审判所适用的程序不同，其可分为第一审普通程序民事判决书，以及适用简易程序、特别程序的民事判决书和公示催告程序的除权判决书等。

本节主要介绍第一审普通程序民事判决书的制作。

三、格式

××××人民法院

民事判决书

（××××）×民初字××号

原告……（写明姓名或名称等基本情况）。

法定代表人（或代表人）……（写明姓名和职务）。

法定代理人……（写明姓名等基本情况）。

委托代理人……（写明姓名等基本情况）。

被告……（写明姓名或名称等基本情况）。

法定代表人（或代表人）……（写明姓名和职务）。

法定代理人（或指定代理人）……（写明姓名等基本情况）。

委托代理人……（写明姓名等基本情况）

第三人……（写明姓名或名称等基本情况）。

法定代表人（或代表人）……（写明姓名和职务）。

法定代理人（或指定代理人）……（写明姓名等基本情况）。

委托代理人……（写明姓名等基本情况）。

……（写明当事人的姓名或名称和案由）一案，本院受理后，依法组成合议庭（或依法由审判员×××独任审判），公开（或不公开）开庭进行了审理。……（写明本案当事人及其诉讼代理人等）到庭参加诉讼。本案现已审理终结。

原告×××诉称，……（概述原告提出的具体诉讼请求和所根据的事实与理由）。

被告×××辩称，……（概述被告答辩的主要内容）。

第三人×××述称，……（概述第三人的主要意见）。

经审理查明，……（写明法院认定的事实和证据）。

本院认为，……（写明判决的理由）。依照……（写明判决所依据的法律条款项）的规定，判决如下：……（写明判决结果）。……（写明诉讼费用的负担）

如不服本判决，可在判决书送达之日起十五日内，向本院递交上诉状，并按对方当事人的人数提出副本，上诉于××××人民法院。

审判长 ×××

审判员 ×××

审判员 ×××

××××年××月××日

书记员×××

四、内容和制作方法

《中华人民共和国民事诉讼法》第一百五十五条规定："判决书应当写明判决结果和作出该判决的理由。判决书内容包括：（一）案由、诉讼请求、争议的事实和理由；（二）判决认定的事实和理由、适用的法律和理由；（三）判决结果和诉讼费用的负担；（四）上诉期间和上诉的法院。判决书由审判人员、书记员署名，加盖人民法院印章。"这是制作民事判决书的法律依据。第一审民事判决书是民事判决的一类。第一审民事判决书由首部、事实、理由、判决结果和尾部共五部分组成。

1. 首部

首部按顺序写清楚第一审民事判决书的标题、案号、诉讼参加人及其基本情况，以及案件来源、审判组织的组成和开庭审理过程，要体现第一审民事审判程序的合法性。

标题由两部分居中组成：第一行写法院名称，第二行写民事判决书五个字。标题下方写第一审民事判决书的案号。案号的基本要素为收案年度、法院代字、类型代字、案件编号。收案年度是收案的公历自然年，用阿拉伯数字表示。法院代字是案件承办法院的简化标识，用中文汉字、阿拉伯数字表示。类型代字是案件类型的简称，用中文汉字表示。案件编号是收案的次序号，用阿拉伯数字表示。首部还要写清楚诉讼参加人及其基本情况。其主要是原告和被告的基本情况。有第三人的，写第三人的基本情况。需要注意，符合条件的未成年人必须列为当事人，不能把已经死亡的人作为当事人写进文书。如果是共同诉讼的案件，不能遗漏共同诉讼人。共同原告或者是共同被告，每一个人的基本情况都单独作为一个段落。每个原告或者是被告的诉讼代理人另起一行，写在各自的下方。必须共同进行诉讼的当事人没有参加诉讼的，人民法院应当通知其参加诉讼。

我国民事诉讼法规定的第一审程序，包括普通程序、简易程序和特别程序三种。

民事普通程序则实行合议制审判组织形式。法院审理第一审民事案件，由审判员、陪审员共同组成合议庭或者由审判员组成合议庭。合议庭的成员人数必须是单数。简易程序由审判员一人独任审判，特别程序一般也采取独任审判，并实行一审终审。

2. 事实

事实部分应写明各方当事人的诉讼请求、争议的事实和各自的理由，以及法院认定的案件事实和理由，还有法院认定的事实及证据。

（1）当事人的诉讼请求和争议的事实和理由，主要是通过原告、被告和第三人的陈述来表述。先写“原告×××诉称：……”，再写“被告×××辩称：……”以及“第三人×××述称：……”。这部分集中体现出各方当事人的真实意思表示，确定争议发生的原因和过程，当事人矛盾的焦点。文书各部分的叙事、说理和判决结果密切联系，前后对应。阐述事实部分时可以直接援引各方当事人的原话，显示判决的公正可靠，语言要简约，内容概括要清楚，要善于对双方当事人的诉称和答辩进行恰当的选择和提炼，避免出现重复、内容混乱的问题。如果当事人在庭审过程中有变更诉讼请求或者反诉的，应当一起写清楚。

（2）法院认定的事实主要有：当事人之间存在何种法律关系，发生该法律关系的具体时间、地点及法律关系的内容；产生诉讼的起因、过程、情节和结果。阐述方法上一般按照时间顺序，客观、真实且全面地反映案情，过程可以简练，但必须突出焦点，详细叙述案件的主要内容和法律上的因果关系。

在阐述各方当事人争议焦点的前提下，写出法院查证的事实，这不仅讲清了各方当事人争执的要点，而且将法院查证的事实与之相对照，使判决的事实部分条理清楚，责任明晰，分清楚当事人孰是孰非，为下面论证判决理由打下了基础。

3. 理由

这一部分应写明判决的理由和作出判决的法律依据。解决民事纠纷除了运用法律的手段，主要还是采取说服教育的方式。理由一定要讲清楚、讲透彻。能调解的尽量调解结案，这样才能达到解决纠纷、定分止争的目的。

第一审民事判决书的理由，要根据客观事实和相关的法律、法规，具体说明法院对该民事案件的性质、当事人的责任以及解决该民事案件的看法。阐述理由要有针对性，要根据不同案件的不同情况，针对当事人的矛盾和诉讼请求，以事实为依据，以法律为准绳加以解决。针对当事人诉讼请求合法有理的部分予以支持，否则不予支持；对涉及虚假诉讼、恶意串通的行为应当给予批驳，做到以理服人。

判决所适用的法律条文在引用时应准确、完整、具体。按照法理上的要求，凡是特别法中有明文规定的，应当援引特别法，不需要再引用普通法；特别法没有规定的才引用普通法；援引法律条款应当按照“条、款、项、目”的顺序写明，不能笼统地写到条。在遇到适用多个法律情况时，引用的法律必须完整，既要引用实体法又要引用程序法的，一般应先写实体法再写程序法。

4. 判决结果

判决结果是人民法院根据案件的事实对案件实体问题作出的处理决定。撰写判决结果要明确、具体、完整。判决履行应写明判决生效后×日内给付或者履行。判决准予离婚的，对子女抚养、抚养费负担和给付方法以及共同财产分割，都需要作出判决。需要驳回当事人其他诉讼请求的，应放在后面进行说明。表述应规范准确、清晰无误。

5. 尾部

第一审民事判决书尾部的内容主要包括诉讼费用的负担，当事人的上诉权利、上诉期限和上诉法院名称以及合议庭成员署名和判决决定日期等。其中诉讼费用一项，不属于诉讼争议的问题，故不列入判决结果的内容，应在判决结果后另起一行写明；上诉人提交上诉状副本的份数，应根据具体案件的对方当事人的人数来定。向当事人交代上诉事项时，应该告知当事人不服地方人民法院第一审判决的，有权在判决书送达之日起十五日内向上一级人民法院提起上诉。尾部署名时，组成合议庭的，由合议庭成员共同署名；独任审判的，由独任审判员署名。助理审判员参加合议庭或独任审判的，署代理审判员。人民陪审员参加合议庭的，署人民陪审员。如果院长、庭长参加合议庭审判的案件，应当由院长、庭长本人担任审判长。判决的日期应写为判决书签发的日期。

例文示范

上海市××区人民法院

民事判决书

（2021）沪0107民初××××号

原告潘×，女，××××年××月××日，汉族，户籍地上海市××区。

原告委托诉讼代理人刘××，上海国畅律师事务所律师。

原告委托诉讼代理人孙××，上海国畅律师事务所律师。

被告毛××，男，××××年××月××日出生，汉族，户籍地浙江省××县。

被告王×，女，××××年×月××日出生，汉族，户籍地安徽省六安市××区。

委托诉讼代理人王××，上海市鸿生律师事务所律师。

原告潘×与被告毛××民间借贷纠纷一案，本院于2021年2月18日立案后，原告潘×于2021年4月15日申请追加王×为本案共同被告。本案依法适用普通程序，由审判员吴××、人民陪审员杨××、人民陪审员张××组成合议庭，于2021年9月6日公开开庭进行了审理。原告潘×及其委托诉讼代理人刘××，被告王×及其委托诉讼代理人王××到庭参加诉讼。被告毛××经本院公告传唤未到庭应诉。本案现已审理终结。

原告潘×向本院提出诉讼请求：1. 请求判令两被告共同归还原告借款人民币50000元（以下币种均为人民币）；2. 两被告共同支付借款利息，以50000元为本金，按照贷款基础利率（LPR）的标准，自诉状公告送达期满之日（2021年8月3日）起计算至实际清偿之日止；3. 被告支付原告律师代理费5000元；4. 被告承担本案诉讼费。

事实与理由：原告与被告毛××系同事关系，两被告为夫妻关系。2021年9月23日，被告毛××称要装修宁波的房子并向原告借钱，被告手写了借条。借款后被告毛××就无法联系上了，原告及同事曾去公安机关报案。后原告及同事通过QQ软件通知毛××，后毛××出现并称其在网络上借套路贷上当受骗了，才向原告等同事借款。2020年6月左右，考虑到被告毛××在外欠款较多，原告当时让其出具了借条，写明在2021年12月30日之前要还款。后原告及其他同事知道毛××欠债较多，担心其还款能力，就由同事张某在网上找了借条的模板，由原告及同事各自打印出来后找毛××补写了借条，并在第二张借条上写明了实现债权费用的承担方。补写了新借条之后被告毛××没有收回之前的借条。在2020年12月第一期要还款的时候，毛××发信息向几个同事称老家的理财要到期了，要宽限几天回老家取理财。被告毛××在拿到2021年1月的工资后便联系不上了。根据被告毛××出具的《借条》，2020年12月31日前还款25000元，余款25000元于2021年12月31日前偿还，如到期未按时偿还，出借人为实现债权的费用包括但不限于诉讼费、律师费、差旅费、误工费、保全费等全部由借款人承担。然而在2020年12月31日前被告毛××没有还款，违反了借条的约定，原告有权要求被告清偿全部借款本金并支付利息和原告为实现债权产生的全部费用。关于法律适用，要求适用《中华人民共和国民法典》的相关规定，希望法院判如所请。

被告毛××未作答辩。

被告王×辩称，其与被告毛××在2018年通过QQ软件相识，被告毛××从事工程方面的审计及预算工作，被告王×从事奢侈品销售工作。原告与被告毛××之间的借款的合意是其双方之间达成的，且原告将款项交付给毛××，被告王×借款经过均不知情。同时，借条是事后补签的，且出具的过程王×不清楚。两被告婚姻存续期间没有购买房产等大额资产，共同生活期间最大的开支就是房租，房租中有部分是被告毛××支付的，也有部分是被告王×支付的，其余的生活费用均是自己解决的，不能因本案债务发生在婚姻存续期间即要求被告王×承担责任。关于借款本金金额及利息计算方式，被告认可；关于律师代理费，因从聊天记录无法看出是毛××的表示，且借条系原告自行准备，故律师代理费不应计算在内。被告认为，根据《中华人民共和国民法典》第一千零六十四条的规定，被告王×不应当承担责任，不同意原告的诉讼请求。

本院根据原告、被告的诉辩意见、举证和质证意见，对当事人无异议的事实，本院确认如下：

原告潘×与被告毛××曾系同事关系，共同就职于一家工程咨询公司。2019年9月左右，被告毛××以借款装修房屋为名义，向原告借款。原告于2019年9月23日通过转账汇款的方式，向被告毛××名下上海浦东发展银行账号为××××××××××××2458的账户转账款项50000元。

原告自述，被告毛××于2019年6月左右补签了落款为2021年9月23日的借条，由原告提供打印的借条文本，借条载明："借款人毛××（身份证：××××××××××××××××××）于2019年9月23日向出借人潘×（身份证号码：××××××××××××××××××）借款人民币50000元整（大写伍万元整），借款期限2019年9月23日至2021年12月31日。借款人现已通过银行转账的方式确认收到上述借款（毛××账户信息：上海浦东发展银行××××××××××××2458）。在借款期内，借款人应于2020年12月31日前还款50%，计25000元；剩余50%，计25000元，在2021年12月31日前偿还。在借款期内，借款人可分批次向出借人偿还本息。如到借款期满时，借款人尚未向出借人还清本息，出借人张某为实现债权的费用包括但不限于诉讼费、律师费、差旅费、误工费、保全费等全部由借款人毛××承担。特立此据。"被告毛××在该借条下方"借款人"处签名并捺印。事后，原告无法联系被告毛××，被告毛××未按照借条约定的时间偿还借款，原告遂向法院提起诉讼，请求判如所请。

上述事实，除原告潘×、被告王×当庭陈述外，另有《借条》、浦发银行汇款单、两被告结婚证及离婚证等证据在案佐证，本院依法予以确认。

关于适用法律问题，根据《最高人民法院关于适用〈中华人民共和国民法典〉时间效力的若干规定》结合在本案审理中原告及被告王×均同意适用《中华人民共和国民法典》，本院依法确定本案依法适用《中华人民共和国民法典》的相关规定。同时，2021年1月1日施行的《最高人民法院关于审理民间借贷案件适用法律若干问题的规定》中载明"本规定施行后，人民法院新受理的一审民间借贷纠纷案件，适用本规定。"本案的立案在2021年1月1日之后，本院依法确定本案适用上述规定。

本院认为，根据法律规定，成立借贷关系须符合两个条件：一、双方存在借贷合意；二、出借方已将钱款交付借款人，即民间借贷纠纷案件中债权人要求借款人归还借款，应当就借贷双方存在借贷合意、款项交付等法律要件承担结果意义上的证明责任。当事人对自己提出的诉讼请求所依据的事实有责任提供证据加以证明。没有证据或者证据不足以证明当事人的事实主张的，由负有举证责任的当事人承担不利后果。关于借贷事实，原告向本院提交了原被告之间的借条，据此主张与被告系民间借贷法律关系成立，并提供原告名下银行流水凭证，以证明已经向被告完成借款的交付。根据上述证据，本院认为，原告与毛××之间的借条虽系事后补签，但结合原、被告陈述，可以判断原、被告毛××之间的借贷关系成立，且款项已实际交付。

关于应归还的借款本金，根据借条中约定的还款期限，被告毛××应在2020年12月31日前归还25000元、2021年12月31日前归还25000元。现原告主张，被告未能按照借条的约定于2020年12月31日前归还第一期应还款项，并要求被告归还全部借款本金。本院认为，被告毛××于借款后补签借条，承诺分两期归还借款，但未能按照借条约定的时间归还款项、怠于履行还款义务的行为显属违约，现原告据此要求被告归还全部借款本金并无不当，本院对此予以支持。

关于逾期利息，根据2021年1月1日施行的《最高人民法院关于审理民间借贷案件适用法律若干问题的规定》，借贷双方既未约定借期内利率，也未约定逾期利率，出借人主张借款人自逾期还款之日起参照当时一年期贷款市场报价利率标准计算的利息承担逾期还款违约责任的，人民法院应予支持。本案中，在被告毛××事后补签的借条中，虽有“在借款期内，借款人可分批次向出借人偿还本息”这样的约定，但未能对利息支付的具体标准进行明确，故可以认定，双方对借期内的利息及逾期利息均未约定。现被告毛××未能按照约定的时间归还借款，原告主张其归还借款本金及支付逾期还款利息，逾期利息的计算标准及主张时间均无不当，本院予以支持。

关于律师代理费，根据被告毛××出具的借条，约定了出借人为实现债权产生的相关费用由借款人承担，且原告提供了《聘请律师合同》、律师费发票、付款凭证予以证明实际产生的律师费金额，原告要求被告承担本案律师代理费5000元的诉讼请求，符合借条的约定及法律规定，本院对此予以支持。

关于被告王×是否应当承担上述债务，原告认为借款发生在两被告婚姻存续期间，且被告毛××称系购房所借，被告王×应当承担还款责任。被告王×则辩称，对被告毛××借款均不知情，且借款并非用于二人家庭生活所需，且被告王×在婚姻关系存续期间并未购买房屋等大额资产，故不同意承担上述债务。本院认为，夫妻一方在婚姻关系存续期间以个人名义超出家庭日常生活需要所负的债务，不属于夫妻共同债务；但是能够证明该债务用于夫妻共同生活、共同生产经营或者基于夫妻双方共同意思表示的除外。被告王×并未在借条上签字或通过事后追认的方式对该笔借款予以确认，且原告未能举证证明被告毛××借款系用于两被告共同生活或共同生产，故原告要求被告王×对上述债务承担共同还款责任的诉讼请求，无事实及法律依据，本院难以支持。

被告毛××经本院合法传唤，未到庭参加诉讼，视为其放弃举证、质证等相应的诉讼权利，由此引起的法律后果由被告毛××自行承担，不影响本案依法裁判。

综上，依照《最高人民法院关于适用〈中华人民共和国民法典〉时间效力的若干规定》第一条第三款，《中华人民共和国民法典》第六百七十五条、一千零六十四条第二款，2021年1月1日起施行的《最高人民法院关于审理民间借贷案件适用法律若干问题的规定》第二十八条、第二十九条、第三十一条，以及《中华人民共和国民事诉讼法》第六十四条、第一百四十四条之规定，判决如下：

一、被告毛××应于本判决生效之日起十日内归还原告潘×借款人民币50000元；

二、被告毛××应于本判决生效之日起十日内支付原告潘×逾期利息，以人民币

50000元为基数，按照全国银行间同业拆借中心公布的同期贷款市场报价利率LPR的标准，自2021年8月3日起计算至实际付清之日止；

三、被告毛××应于本判决生效之日起十日内支付原告潘×律师代理费人民币5000元；

四、驳回原告潘×的其余诉讼请求。

如果未按本判决指定的期间履行给付金钱义务，应当依照《中华人民共和国民事诉讼法》第二百五十三条之规定，加倍支付延期履行期间的债务利息。

公告费560元，由被告毛××负担。

案件受理费1175元，由被告毛××负担。

如不服本判决，可在判决书送达之日起十五日内，向本院递交上诉状，并按对方当事人的人数提出副本，上诉于上海市第二中级人民法院。

审 判 长 吴××

人民陪审员 张××

人民陪审员 杨××

书 记 员 张××

二〇二一年十月十二日

习作训练（引入案例参考答案）

北京市××区人民法院

民事判决书

（2021）××民初0112号

原告：李××，男，1985年8月15日出生，汉族，住北京市××区

被告：王××，男，1981年10月23日出生，汉族，住北京市××区

原告李××诉被告王××民间借贷纠纷一案，本院受理后，依法适用简易程序，公开开庭进行了审理。原告李××到庭参加诉讼，被告王××经本院合法传唤未到庭参加诉讼。本案现已审理终结。

原告李××向本院提出诉讼请求：1.判令被告偿还借款30000元；2.诉讼费由被告负担。事实及理由：2020年9月24日被告以修车为理由向原告借款30000元，约定第二天还款，直至今日仍未还款，其间原告多次向被告催要本金，但是被告至今未偿还，为维护原告的合法权益，故诉至法院。

被告王××未答辩。

经审理查明：2020年9月24日，王××在李××处借款30000元，双方未约定利息

标准，未明确约定还款时间，经李××多次催要，王××至今未偿还借款。

本院认为，根据我国民事诉讼法的规定，当事人有答辩并对对方当事人提交的证据进行质证的权利，本案被告王××经本院合法传唤，无正当理由未出庭应诉，视为放弃了答辩和质证的权利。李××主张其与王××之间系民间借贷关系，并提交双方的微信聊天记录予以证明，因王××未出庭应诉，亦未对此提出异议，故本院认定李××与王××之间确系民间借贷法律关系。现李××主张王××偿还借款30000元的诉讼请求，理由正当，证据充分，本院予以支持。据此依照《中华人民共和国民法典》第六百七十五条、《中华人民共和国民事诉讼法》第一百四十四条之规定，判决如下：

一、被告王××偿还原告李××借款30000元，于本判决生效之日起7日内执行；

二、驳回原告李××的其他诉讼请求。

如果未按本判决指定的期间履行给付金钱义务，应当依照《中华人民共和国民事诉讼法》第二百五十三条之规定，加倍支付迟延履行期间的债务利息。

案件受理费275元，由被告王××负担，于本判决生效之日起7日内执行清。

公告费（以正式票据为准），由被告王××负担，于本判决生效之日起7日内执行清。

如不服本判决，可在判决书送达之日起十五日内，向本院递交上诉状，并按对方当事人的人数提出副本，交纳上诉案件受理费，上诉于北京市第三中级人民法院。如在上诉期满后七日内未交纳上诉案件受理费的，按自动撤回上诉处理。

审判员××

二〇二一年八月五日

书记员××

项目1.4　民事上诉状

学习任务

制作一份民事上诉状。

知识和能力目标

通过学习民事上诉状的概念、格式、例文等内容，让学生具备法律职业人员的核心业务能力。通过本项目的任务驱动，学生不仅可以学会撰写一份民事上诉状，更能理解上诉的基本流程，以及上诉过程中上诉请求与起诉状的不同，并能围绕上诉请求理解上诉的事实与理由的核心问题。

案例引入

原被告在离婚的一审诉讼中，一审法院认定原被告夫妻感情破裂，判决双方离婚，并且认为被告收入丰厚，有足够的经济力量培养孩子成人，所以将婚生女孩判决被告抚养。原告认可第一项判决，但不服基于对抚养权的判定，所以其提起上诉。请为原告代拟一份民事上诉状。

基础知识

一、概念

上诉状旧称“上控状”，属于第二审诉讼程序文书，具有引起第二审程序发生的作用。民事上诉状是指民事诉讼的当事人不服人民法院作出的第一审未生效的民事判决、裁定，在法定期限内要求人民法院进行再审理，并依法作出撤销或者变更原审裁判的法律文书。

二、民事上诉状的特点和类别

民事上诉状有三个特点：

（1）上诉人具有特定性。

（2）递交上诉状必须遵守法定时限。

（3）具有很强的针对性和驳辩性。

按照上诉人身份情况的不同，民事上诉状可分为两种：一种是自然人提起上诉的民事上诉状；另一种是法人或其他组织提起上诉的民事上诉状。

三、格式

民事上诉状的格式和结构与民事起诉状基本相同，格式分为首部（含标题、当事人和案由）、正文（含上诉请求、上诉理由）和尾部（致送法院名称、副本份数、上诉人签署）三个部分。与民事起诉状相比，除首部中的当事人称呼有所区别外，文书的正文和尾部的写法相同。

格式一（自然人用）

民事上诉状

上诉人（原审×告）［姓名，性别，年龄，民族，籍贯，职业或工作单位和职务，住所（或常住地）］。

法定代理人（注明与上诉人的关系）：［姓名，性别，职业或工作单位和职务，住所（或常住地）］。

指定代理人（注明与上诉人的关系）：［姓名，性别，职业或工作单位和职务，住所（或常住地）］。

委托代理人［姓名，性别，职业或工作单位和职务，住所（或常住地）］（系律师的，只写姓名，工作单位和职务）。

被上诉人（原审×告）［姓名，性别，年龄，民族，籍贯，职业或工作单位和职务，住所（或常住地）］（法人或其他组织，应分行依次写明名称，地址，法定代表人或主要负责人姓名，职务）。

（法定代理人、委托代理人等身份事项与上诉人相同）。

第三人（写明自然人身份事项，法人或其他组织事项）。

上诉人因……（案由）一案，不服××人民法院××××年×月×日（年度）×民初字第××号判决（或裁定），现提出上诉。

上诉请求

……

上诉理由

……

此致

××人民法院

附：本上诉状副本×份

上诉人×××

××××年××月××日

格式二（法人或其他组织用）

民事上诉状

上诉人（原审×告）[法人或其他组织名称，地址，法定代表人或代表人、负责人的姓名，职务、电话等]。

委托代理人［系律师的，只写姓名、工作单位和职务］。

企业名称：　　　　　　　　　　工商登记核准号：

经营范围和方式：

开户银行：　　　　　　　　　　账号：

被上诉人（原审×告）[姓名，性别，年龄，民族，职业或工作单位和职务，住所（或长住地）]（如是法人或其他组织，应分行依次写明名称、地址、法定代表人、代表人或负责人姓名，职务，电话）。

第三人（系自然人的，写明其姓名，性别等身份事项；如是法人或其他组织的，写明其名称，地址，法定代表人或主要负责人的姓名，职务）。

上诉人因……（案由）一案，不服××人民法院××××年××月××日（年度）民初字第××号判决（或裁定），现提出上诉。

上诉请求

……

上诉理由

……

此致

××人民法院

附：本上诉状副本×份

上诉人×××

××××年××月××日

（加盖公章）

四、内容和制作方法

1. 首部

首部包括标题、当事人的基本情况和案由等内容。

2. 正文

正文是文书的核心，包括上诉请求和上诉理由两个部分。

（1）上诉请求的写法。

书写上诉请求，主要应当注意以下几个问题：

第一，应当符合法律规定。

第二，应当明确具体。

第三，应直截了当，简明扼要。

（2）上诉理由的写法。

书写上诉理由应当突出重点，抓住要领。一般从以下几个方面进行叙述：

第一，针对原审认定事实的错误进行论证。

第二，针对原审适用法律的错误进行论证。

第三，针对原审违反法定诉讼程序进行论证。

3. 尾部

尾部包括结尾和附项。结尾包括收束语“此致”、受理上诉案件的人民法院的名称、上诉人及代书人签名。附项应当写明上诉状副本的份数以及有关证据的情况。

例文示范

上诉状

上诉人（原审被告）刘××，女，1978年5月11日出生，汉族，河北省××市人，系××市××厂工人，住本市××区××街×号。

被上诉人（原审原告）齐××，男，1976年7月4日出生，汉族，河北省××市人，系××市××厂技师，住××市××区××街×号。

上诉人因离婚一案，不服××市××区人民法院××××年××月××日作出的（××××）民初字第24号判决，现提出上诉。

上诉请求

请求二审法院撤销原判，改判不准离婚。

上诉理由

原判决认为，原、被告的婚姻是由父母包办，并无感情基础。婚后不久，双方又因家庭琐事，不断争吵。近年来，女方毫无依据地怀疑男方心有别恋，经常到男方工作单位吵闹，影响男方正常的工作，双方感情日益破裂。男方迁居单位宿舍与女方分居已经两年。现男方提出离婚，调解无效。经调查，证实双方感情已完全破裂无法和好，故依法判决离婚。

上诉人认为原判认定的事实和理由是不正确的。上诉人与被上诉人的婚姻，虽由双方父母作主，但订婚后上诉人与被上诉人不断约见，彼此印象都好。结婚时，被上诉人欢天喜地，绝无异议，有亲友为证。原判认定双方“无感情基础”是没有根据的，父母作主必然无情的推论不能成立。上诉人与被上诉人结婚12年，生了两个孩子，家庭基本和睦。只是近两年来，被上诉人在经济和生活方面对上诉人及子女照顾不够，时有争吵。但就争吵的内容而言，毕竟是家庭琐事，因琐事而判决离婚于法无据。至于上诉人认为被上诉人心有别恋，也不是毫无根据的。上诉人持有被上诉人与王××（女，系被上诉人同事）外出游玩的合影照片以及被上诉人写给王××的情书两封为证。上诉人去单位反映情况既是为了家庭的和睦，也是为了被上诉人幡然悔悟不致铸成大错。至于反映情况的方式或有不妥之处，可以改正，但这并非离婚的根源。

综上所述，只要被上诉人真诚悔改，放弃错误思想，改善夫妻关系，上诉人与被上诉人的感情完全可以和好如初。一审人民法院在上诉人与被上诉人夫妻感情实际并未破裂的情况下，未作认真调解，轻易判决离婚，是不符《中华人民共和国民法典》第一千零七十九条第二款之规定的。请求二审法院批评被上诉人的错误行为，劝服其改邪归正，并撤销原判。

此致

××市××区人民法院转送××市中级人民法院

附：本上诉状副本1份。

上诉人　刘××

××××年××月××日

习作训练（引入案例参考答案）

民事上诉状

上诉人（原审原告）任××，女，37岁，汉族，××市人，××市××公司副经理，住××市××区××路××号。

被上诉人（原审被告）史××，男，40岁，汉族，××省××县人，××市××工厂推销员，住××市××区××路××号。

上诉人因离婚一案，不服××市××区人民法院2016年5月10日（2016）×民初字第××号民事判决书的第二项判决，现提出上诉。

上诉请求

依法撤消××市××区人民法院（××××）×民初字第××号民事判决书的第二项判决：改判婚生女孩史×（13岁）由上诉人抚养。

上诉理由

原判决第二项说："鉴于被告收入丰厚，有足够的经济力量培养孩子成人，因此，本院认为孩子归被告抚养有利于下一代健康成长。"据此将婚生女孩史×判归被上诉人抚养。上诉人认为此项判决不当，判决理由不能成立。其理由是：第一，上诉人一直照顾孩子的生活与学习，孩子与上诉人结下了深厚的母女情谊；而被上诉人近十年来在××厂担任推销员，经常出差在外，有时几个月不回家，对孩子生活、学习从来不问，与孩子也没有什么感情。因此，上诉人认为孩子由被上诉人抚养，不利于孩子成长而由上诉人抚养则有益于孩子的身心健康，有利于将孩子培养成才。第二，上诉人经济收入也不低，完全有能力将孩子培养成人，关键不在于谁有钱，而在于由谁抚养有利于孩子健康成长。被上诉人说，他有钱可以请保姆照顾孩子，法院也认为此种说法有道理，试问保姆照顾比母亲照顾好吗？此种说法不合情理。

孩子判归谁抚养应考虑孩子的意见。最高人民法院1993年印发的《关于人民法院审理离婚案件处理子女抚养问题的若干具体意见》第五条规定："父母双方对10周岁以上的未成年子女随父或随母生活发生争执的，应考虑子女的意见。"原审法院根本没有征求孩子的意见，就主观决定了。孩子听说要随父亲生活哭了好几天，说不愿意与父亲一起生活，愿意与母亲一起生活。

请上诉审人民法院按照最高人民法院的《关于人民法院审理离婚案件处理子女抚养问题的若干具体意见》办事，考虑孩子的意见，将孩子改判归上诉人抚养。

此致

××市中级人民法院

附：本上诉状副本一份。

上诉人任××

××××年××月××日

项目1.5　第二审民事判决书

学习任务

制作一份第二审民事判决书。

知识和能力目标

通过学习第二审民事判决书的概念、格式、例文等内容，培养学生具备法院书记员工作的核心业务能力。培养学生熟练掌握独立撰写第二审民事判决书的能力，并具备对已有的第二审民事判决书进行校对的能力。

案例引入

上诉人沈××因与被上诉人吴××、戚××及顾××民间借贷纠纷一案，不服上海市浦东新区人民法院（××××）沪0115民初×××××号民事判决，向上海市第一中级人民法院院提起上诉。沈××上诉请求：撤销一审判决第一、二项，依法改判为驳回吴××的一审诉讼请求或将本案发回重审。吴××辩称，不同意沈××的上诉请求。请求二审法院驳回上诉，维持原判。

一审法院审理后，于××××年××月××日作出判决：一、沈××应于判决生效之日起十日内归还吴××借款本金30万元；二、沈××应于判决生效之日起十日内支付吴××利息5万元；三、驳回吴××的其余诉讼请求。如果未按判决指定的期间履行给付金钱义务，应当依照《中华人民共和国民事诉讼法》第二百五十三条之规定，加倍支付迟延履行期间的债务利息。案件受理费6550元，减半收取为3275元，由沈××负担。

二审中，各方当事人均未提交新证据。

二审法院经审理查明，一审法院认定事实无误，予以确认。吴××先后两次转账戚××、顾××合计20万元，沈××于第二次转账当日即××××年××月×日向吴××出具借条，明确借到吴××20万元，吴××据此主张双方就上述20万元成立借贷关系。沈××对此虽予以否认，但未能就出具借条作出合理解释，同时，戚××、顾××陈述其成为20万元借款的实际收款人系因为沈××向戚××还款，沈××亦承认其在此之前与戚××之间存在借款关系，因此，一审法院认定沈××与吴××就20万元成立借贷关系，并无不当，本院予以确认。沈××于2017年12月5日出具的借条上载明借款利息按每月2%计算，结合20万元借款实际已发生的借期，吴××要求沈××支付利息5万元，尚属合理，可予支持。至于吴××主张的10万元借款，其从银行提取上述数额的现金当日，沈××出具借条载明“今借吴××10万元”，沈××虽否认收到了10万元借款，但并未就出具借条作出合理解释，本院有理由认定沈××与吴××就10万元成立借贷关系。吴××要求沈××归还借款共计30万元，合法有据，应予支持。综上所述，沈××的上诉请求，不能成立，应予驳回；一审判决认定事实清楚，适用法律正确，应予维持。据此，依照《中华人民共和国民事诉讼法》第一百七十六条第一款、第一百七十七条第一款第一项规定，判决驳回上诉，维持原判。二审案件受理费6550元，由上诉人沈××负担。

上诉人（原审被告）沈××，女，××××年××月××日出生，汉族，住上海市××新区。

委托诉讼代理人吴××，上海市宏洲律师事务所律师。

委托诉讼代理人王××，上海市宏洲律师事务所律师。

被上诉人（原审原告）吴××，女，××××年××月××日出生，汉族，住上海市××新区。

被上诉人（原审被告）戚××，男，××××年××月××日出生，汉族，住上海市××新区。

被上诉人（原审被告）顾××，女，××××年×月××日出生，汉族，住上海市××新区。

判决书编号：2022年第××××号；作出判决时间：××××年××月××日。

基础知识

一、概念

民事第二审判决书是指第二审人民法院对不服第一审人民法院判决或者裁定而上诉的民事案件，依照《中华人民共和国民事诉讼法》规定的第二审程序进行审理后所作出的书面决定。民事第二审判决体现了上级人民法院对下级人民法院审判工作的指导和监督。

二、格式

××××人民法院

民事判决书

（××××）××民终字××号

上诉人（原审××告）：……（写明姓名或名称等基本情况）。

被上诉人（原审××告）：……（写明姓名或名称等基本情况）。

第三人……（写明姓名或名称等基本情况）。

（当事人及其他诉讼参加人的列项和基本情况的写法，除双方当事人的称谓外，与一审民事判决书样式相同。）

上诉人×××因……（写明案由）一案，不服××××人民法院（××××）×民初字第××号民事判决，向本院提起上诉。本院依法组成合议庭，公开（或不公开）开庭审理了本案。……（写明当事人及其诉讼代理人等）到庭参加诉讼。本案现已审理终结。（未开庭的，写："本院依法组成合议庭审理了本案，现已审理终结。"）

……（概括写明原审认定的事实和判决结果，简述上诉人提起上诉的请求和主要理由；被上诉人的主要答辩，以及第三人的意见。）

经审理查明，……（写明二审认定的事实和证据）。

本院认为，……（根据二审查明的事实，针对上诉请求和理由，就原审判决认定事实和适用法律是否正确，上诉理由能否成立，上诉请求是否应予支持，以及被上诉人的答辩是否有理等，进行有分析性的评论，阐明维持原判或者改判的理由）。依照……（写明判决所依据的法律条款项）的规定，判决如下：

……写明判决结果。分四种情况：

第一，维持原判的，写："驳回上诉，维持原判。"

第二，全部改判的，写：

"一、撤销××××人民法院（××××）×民初字第××号民事判决；

二、……（写明改判的内容，内容多的可分项书写）。"

第三，部分改判的，写：

"一、维持××××人民法院（××××）×民初字第××号民事判决的第×项，即……（写明维持的具体内容）；

二、撤销××××人民法院（××××）×民初字第××号民事判决的第×项，即……（写明撤销的具体内容）；

三、……（写明部分改判的内容，内容多的可分项书写）。"

第四，维持原判，又有加判内容的，写：

"一、维持××××人民法院（××××）×民初字第××号民事判决；

二、……（写明增加判决的内容）。"

……（写明诉讼费用的负担）。

本判决为终审判决。

审判长 ×××

审判员 ×××

审判员 ×××

××××年××月××日

书记员×××

三、内容和制作方法

第二审民事判决书的内容是第二审人民法院针对当事人不服第一审民事判决提起上诉的民事案件，依照第二审民事审判程序审理终结，依法作出维持原判或者改判决定的相关内容。依照《中华人民共和国民事诉讼法》第一百七十五条规定：“第二审人民法院应当对上诉请求的有关事实和适用法律进行审查。”第二审民事判决书的内容由首部、事实、理由、判决结果和尾部等五部分组成。

1. 首部

首部依次写明标题、案号、诉讼参加人及其基本情况，以及案件来源、审判组织和开庭审理过程等，体现人民法院第二审民事审判程序的合法性。

标题由两部分居中组成：第一行写第二审法院名称，第二行写民事判决书五个字。标题下方写第二审民事判决书的案号。案号的基本要素为收案年度、法院代字、类型代字、案件编号。收案年度是收案的公历自然年，用阿拉伯数字表示。法院代字是案件承办法院的简化标识，用中文汉字、阿拉伯数字表示。类型代字是案件类型的简称，用中文汉字表示。案件编号是收案的次序号，用阿拉伯数字表示。第二审民事判决书与一审民事判决书相似，前者用“终”表示，后者用“初”表示，如北京市第一中级人民法院2022年受理的第40号二审民事案件的案号应写为“（2022）京01民终字第40号”。

第二审民事判决书中当事人的称谓，要写为“上诉人”“被上诉人”，并用括号注明其在原审中的诉讼地位。原审中有第三人的，提出上诉的当事人应写为“上诉人”，没有提出上诉的当事人仍写“第三人”。双方当事人、第三人都提起上诉的，可并列为“上诉人”，并依原审中的顺序排列。对必要共同诉讼中共同诉讼人中的部分当事人提出上诉的，除提出上诉的写为“上诉人”外，其他当事人的称谓可依下列写法注明：假如该上诉是对己方与对方当事人之间权利义务分担有意见，不涉及己方其他共同诉讼人利益的，对方当事人为被上诉人，未上诉的己方其他共同诉讼人依原审诉讼地位写明；如果该上诉仅对己方共同诉讼人之间权利义务分担有意见，不涉及己方与对方当事人利益的，未上诉的己方其他共同诉讼人为被上诉人，对方当事人依原审诉讼地位写明；如该上诉对双方当事人之间以及共同诉讼人之间权利义务承担均有意见的，未提出上诉的其他当事人均为被上诉人。无民事行为能力人或限制民事行为能力人的法定代理人或者指定代理人代为当事人提起上诉的，仍应将无民事行为能力人或限制民事行为能力人列为“上诉人”。上诉案件的当事人有诉讼代理人的，应分别在所代理的当事人项下另起一行写明。注意不要混淆写在一起，使人分不清谁是谁的诉讼代理人。第二审人民法院对上诉案件，应当组成合议庭，可以开庭审理，也可以不开庭审理。

2. 事实

第二审民事判决书的事实部分主要包括以下三方面内容：

（1）第二审民事判决书要确认第一审民事判决认定的事实和判决结果。该部分内容应简要概括，既要客观、真实地反映一审判决的情况，使一、二审程序相互衔接，为二审判决打下基础，又要掌握突出二审判决的内容，不能内容过多。

（2）上诉人、被上诉人以及第三人的观点。这一层次也要简洁清楚，力避文字过多。上诉人提起上诉的请求和理由是引起二审程序的原因，应抓住上诉的焦点进行概括，被上诉人的答辩以及第三人的意见也应该加以说明，以全面反映诉讼参加人的真实意思。

（3）二审判决认定的事实和证据。该段内容是二审作出实体处理，即维持原判或者改判的事实根据，在写作方法上具有明显的上诉审特点，即要针对上诉人提出的问题进行重点叙述，并运用相应的证据材料进行分析。要交代清楚有关民事法律关系的诸要素，注意详略得当。针对一审法院认定事实以及上诉人的上诉请求等情况，具体可采用下列方法制作二审判决书认定的事实和证据：

原判决认定的事实清楚，上诉人又无异议的，可以简述。如离婚案件中，一审判决后，上诉人仅对财产分割有意见，且经二审审查一审判决认定的事实没有问题，那么二审事实的认定就可以简要叙述，而将二审对财产分割问题放在理由部分重点阐述。

原判决认定的主要事实或者部分事实有错误的，对改变认定的事实要详述，并运用证据，指出原判认定事实的错误。例如，借款合同纠纷案件中如一审判决对双方当事人的借款原因、借款数额等事实的认定没有错误，但是，对双方当事人约定的借款利息的认定确有错误，且当事人也对此提出了异议，那么前者可以简述，后者则应详述。

原判认定事实有遗漏的，则应补充叙述。例如合同纠纷案件中，一审判决中对一方当事人在履行合同时的违约责任客观地加以叙述，但却忽略了另一方当事人自身的责任，那么二审判决书中，对这些所遗漏的事实就应补充叙述。

原判决认定的事实没有错误，但上诉人提出了异议，应把有异议的部分叙述清楚，并有针对性地列举相关的证据进行分析，论证异议不能成立。

认定事实的证据要分析性地进行列举，既可以在叙述纠纷过程中一并分析列举，也可以单独分段分析列举。不论是哪种民事判决书在事实的叙述上都应注意：判决认定的事实，必须是经过法院审查属实而予以确认的，否则不要写入；注意保守国家机密，保护当事人的名誉，隐私情节不作描述。

3. 理由

二审民事判决书理由部分尤其强调有针对性，不能只是照抄原判理由，或者说一些固定的套话。要围绕原审判决是否正确，上诉是否有理进行论证。根据案情在判决理由部分采取不同的方法进行陈述：

（1）原判正确上诉没有正当理由的，要明确指出上诉理由不当的原因和原判正确的理由。

（2）原判不当、上诉有道理的，应阐明原判决不正确的具体内容，上诉请求和理由符合什么法律、政策的规定，改判的理由是什么。

（3）原判决部分正确或者上诉部分有理的，要分别具体阐明原判决和上诉意见哪部分正确，哪部分不正确，理由何在，应当怎样正确判处，等等。理由部分内容较多的，可以分层次分问题进行论证。

判决所依据的法律、法规，引用时应准确、完整、具体。凡是特别法中有明文规定的，应当援引特别法，无须再援引普通法；特别法没有规定的才援引普通法；援引法律条款应当按照条、款、项、目的顺序写明，避免缺漏现象，在遇到适用多个法律情况时，援引法律必须完整，既要引用实体法又要引用程序法的，一般应先引程序法后引实体法。

第二审民事判决书中驳回上诉，维持原判的，只需引用程序法。全部改判或者部分改判的，首先引用民事诉讼法的有关条款，然后引用改判所依据的实体法的有关条款。

4. 判决结果

第二审人民法院的判决结果，是对当事人争议的实体问题作出的终审结论。根据《中华人民共和国民事诉讼法》第一百七十七条规定：“第二审人民法院对上诉案件，经过审理，按照下列情形，分别处理：（一）原判决、裁定认定事实清楚，适用法律正确的，以判决、裁定方式驳回上诉，维持原判决、裁定；（二）原判决、裁定认定事实错误或者适用法律错误的，以判决、裁定方式依法改判、撤销或者变更；（三）原判决认定基本事实不清的，裁定撤销原判决，发回原审人民法院重审，或者查清事实后改判；（四）原判决遗漏当事人或者违法缺席判决等严重违反法定程序的，裁定撤销原判决，发回原审人民法院重审。原审人民法院对发回重审的案件作出判决后，当事人提起上诉的，第二审人民法院不得再次发回重审。”第二审判决如果原判在认定事实上和适用法律上均无错误，直接驳回上诉，维持原判。原审有错误的，必须对原审判决明确表态，对一审判决是维持还是撤销，维持哪些、撤销哪些；对改判或加判的内容，要根据不同情况，作出明确、具体的处理决定。需要注意的是，如果认为事实不清楚或者严重违反法定程序的，可以裁定发回第一审法院重审，不能用判决。

5. 尾部

尾部应第二审判决的格式要求制作。第二审人民法院判决书尾部应写清楚第二审诉讼费用的负担、“本判决为终审判决”、合议庭成员署名和判决日期等。其中诉讼费用的负担，如第二审维持原判的，只写明二审诉讼费用由上诉人或是被上诉人负担；

如二审改判除了要写明二审诉讼费用的负担外，还要写明对一审诉讼费用的负担是否进行调整。“本判决为终审判决”，这是由我国实行的两审终审制决定的。需要另起一行单独说明，不可遗漏。

例文示范

上海市第一中级人民法院

民事判决书

案号：（2022）沪01民终××××号

上诉人（原审被告）唐××，男，××××年××月××日生，汉族，户籍所在地上海市松江区。

上诉人（原审被告）陈×，女，××××年××月××日生，汉族，户籍所在地上海市松江区。

上诉人（原审被告）陈××，女，××××年××月××日生，汉族，户籍所在地上海市松江区。

上述三上诉人共同委托诉讼代理人马××，上海××律师事务所律师。

上述三上诉人共同委托诉讼代理人胡×，上海××律师事务所律师。

被上诉人（原审原告）柏××，男，××××年××月××日生，汉族，户籍所在地上海市松江区。

被上诉人（原审原告）徐××，女，××××年××月××日生，汉族，户籍所在地上海市松江区。

上述两被上诉人共同委托诉讼代理人吴××，上海市松江区××法律服务所法律工作者。

上诉人唐××、陈×、陈××因与被上诉人柏××、徐××房屋买卖合同纠纷一案，不服上海市松江区人民法院（2021）沪0117民初××××号民事判决，向本院提起上诉。本院于2022年2月28日立案后，依法组成合议庭进行了审理。本案现已审理终结。

上诉人唐××、陈×、陈××上诉请求：撤销原判，发回重审或改判驳回被上诉人柏××、徐××一审时的诉讼请求。事实与理由：三上诉人自始无出卖涉案房屋的真实意思，涉案协议系基于唐××拖欠案外人张某的高利贷而被迫签署。两被上诉人并无实际支付购房款的能力，三位上诉人从未实际收到和控制购房款，该些购房款均在进入上诉人账户后即被转出，且存在一笔资金多次转账情形，系虚假走账。双方当事人非同一集体经济组织成员，且受让主体依法不具备再次持有宅基地的合法身份，《房屋转让协议》因违反法律、法规的强制性规定而无效。

被上诉人柏××、徐××辩称，原审法院查明事实清楚，适用法律正确，要求维持原判。

柏××、徐××向一审法院提出诉讼请求：1.依法判令唐××、陈×、陈××即行迁出坐落于上海市松江区××镇××公路××弄××号房屋，并将房屋交于柏××、徐××；2.案件受理费由唐××、陈×、陈××负担。

一审法院认定事实如下：

2017年11月21日，柏××、徐××与唐××、陈×、陈××签订《房屋转让协议》，约定，唐××、陈×、陈××自愿将位于上海市松江区××镇××公路××弄××号的一幢别墅楼房转让给柏××、徐××，房屋总面积约380平方米，一至四层，转让总金额为3800000元（人民币大写：叁佰捌拾万元整）。柏××、徐××签约前先首付人民币捌拾万元整（注：2017年10月26日柏××、徐××已付款人民币陆拾万元整，2017年10月27日又付款人民币贰拾万元整，唐××、陈×、陈××必须出具收款收据凭据）。签约一个月后剩下叁佰万元柏××、徐××一次性付清，付清后由唐××、陈×、陈××出具收款凭据。协议签约后唐××、陈×、陈××必须在一个月之内把房屋交付给柏××、徐××。……除上述内容外，双方还对其他事项作出了约定。协议签订后，柏××、徐××已向唐××、陈×、陈××支付了3800000元房款。

2018年2月8日，柏××与陈××签订一份协议，载明："就2017年11月21日陈××等与柏××等签订的房屋转让协议（包括宅基地长期转让使用）中陈××的居住安置问题，陈××与柏××协商，现达成一致协议。一、陈××确认，双方达成的房屋转让协议是双方真实意思表示。二、柏××确认，自愿将本人购入的上海市松江区××镇××公路××弄××号房屋四层中地面第二层中西面一间、中间一间及地面一层中客厅、厨房、卫生间归陈××使用，使用至陈××百年为止。三、双方约定，陈××不得对柏××允许其现居住的房屋部分之外提出任何主张也不得干涉柏××对房屋其余部分的使用（包括出租）。四、鉴于陈××年事已高，为体现柏××对陈××日常起居的关怀，柏××自愿一次性补贴陈××人民币捌万元整（80000.00元），上述款项在协议签字之日付于陈××。五、协议生效后，陈××配合柏××办理上述房屋的公用事业机构的户名变更。六、陈××居住期间发生的水电气等费用由柏××承担。七、本协议一式二份，双方各执一份，本协议系2017年11月21日（房屋转让协议）的补充，与该协议具同等效力。本协议双方签字后立即生效。协议双方签字。"协议签订后，柏××支付了陈××一次性补贴80000元。

2021年3月25日，唐××、陈×、陈××作为柏××、徐××向上海市松江区人民法院提起了（2021）沪0117民初××××号房屋买卖合同纠纷一案，要求确认唐××、陈×、陈××与柏××、徐××于2017年11月21日签订的《房屋转让协议》无效，该院于2021年8月30日作出驳回唐××、陈×、陈××诉讼请求的判决，之后，唐××、陈×、陈××提起上诉，2021年12月9日，本院出具（2021）沪01民终××××号民事判决书，判决驳回上诉，维持原判。

庭审中，陈××向一审法院陈述，松江区××镇××公路××弄××号房屋目前由其一人居住，唐××、陈×均未居住在内。柏××、徐××向一审法院陈述，其愿意按照2018年2月8日《房屋转让协议》中的约定，将松江区××镇××公路××弄××号房屋四层中地面第二层中西面一间、中间一间及地面一层中客厅、厨房、卫生间归陈×娣使用，使用至陈××百年为止。同时，柏××、徐××将诉讼请求明确为：要求唐××、陈×、陈××即行将松江区××镇××公路××弄××号房屋交付给柏××、徐××。

一审法院认为，依法成立的合同，对当事人具有法律约束力。当事人应当按照约定履行自己的义务，不得擅自变更或者解除合同。本案中，双方所签订的《房屋转让协议》的效力已由生效的法律文书予以确认，因此双方均应按照协议的约定履行，柏××、徐××支付了购房款，唐××、陈×、陈××负有将柏××、徐××所购买的房屋交付给柏××、徐××的义务，故柏××、徐××要求唐××、陈×、陈××交付房屋的诉讼请求，于法不悖，法院予以支持。至于陈××的居住问题，在柏××与陈××所签订的协议中作了约定，现柏××、徐××也表示愿意按该约定履行，法院予以准许。

一审法院判决：唐××、陈×、陈××于判决生效之日起十五日内将上海市松江区××镇××公路××弄××号房屋交付给柏××、徐××（××房××层××层中西面一间、中间一间及地面一层中客厅、厨房、卫生间归陈××使用，使用至陈××百年为止）。

二审期间，当事人均未提供新的证据。

经审理查明，一审法院认定事实无误，本院予以确认。

本院认为，唐××、陈×、陈××陈述的上诉理由仍是围绕《房屋转让协议》无效展开，鉴于该协议效力之争业经人民法院生效判决认定，唐××等人未提供新的证据与事实推翻生效判决，故协议依法对当事人产生约束力。现柏××、徐××已履行支付房款义务，唐××方亦应按约交付房屋。陈××称受威逼利诱而签订《协议》，缺乏事实依据。柏××、徐××主张按该协议约定履行，当予准许。依照《中华人民共和国民事诉讼法》第一百七十七条第一款第一项、第一百八十二条的规定，判决如下：

驳回上诉，维持原判。

二审案件受理费80元，由上诉人唐××、陈×、陈××负担。

本判决为终审判决。

审 判 长　任××
审 判 员　顾××
审 判 员　陈　×
二〇二二年六月二十七日
书 记 员　刘　×

习作训练（引入案例参考答案）

上海市第一中级人民法院
民事判决书

案号：(2022) 沪01民终××××号

上诉人（原审被告）沈××，女，1960年12月27日出生，汉族，住上海市浦东新区。

委托诉讼代理人吴××，上海市××律师事务所律师。

委托诉讼代理人王××，上海市××律师事务所律师。

被上诉人（原审原告）吴××，女，1980年1月5日出生，汉族，住上海市浦东新区。

被上诉人（原审被告）戚××，男，1970年3月6日出生，汉族，住上海市浦东新区。

被上诉人（原审被告）顾××，女，1971年1月17日出生，汉族，住上海市浦东新区。

上诉人沈××因与被上诉人吴××、戚××及顾××民间借贷纠纷一案，不服上海市浦东新区人民法院(2021)沪0115民初×××××号民事判决，向本院提起上诉。本院于2022年6月1日立案受理后，依法组成合议庭进行了审理。本案现已审理终结。

沈××上诉请求：撤销一审判决第一、二项，依法改判为驳回吴××的一审诉讼请求或将本案发回重审。事实和理由：沈××从未向吴××借款，也从未收到过款项，吴××在一审中出具的银行流水的内容系其向戚××、顾××的转账记录，因此，沈××与吴××之间不存在借款关系。吴××提供的借条与沈××其他民间借贷案件的借条一致，都是统一格式、统一写法，借款期限与利息起算处均为空白，一审法院支持吴××主张的利息有违事实。

吴××辩称，不同意沈××的上诉请求。请求二审法院驳回上诉，维持原判。

戚××、顾××辩称，不同意沈××的上诉请求。请求二审法院驳回上诉，维持原判。

吴××向一审法院起诉请求判令：1. 沈××、戚××、顾××归还吴××借款本金30万元；2. 沈××、戚××、顾××支付吴××利息5万元。

一审法院审理后，于二〇二一年十二月二十九日作出判决：一、沈××应于判决生效之日起十日内归还吴××借款本金30万元；二、沈××应于判决生效之日起十日内支付吴××利息5万元；三、驳回吴××的其余诉讼请求。如果未按判决指定的期间履行给付金钱义务，应当依照《中华人民共和国民事诉讼法》第二百五十三条之规定，加倍支付迟延履行期间的债务利息。案件受理费6550元，减半收取为3275元，由沈××负担。

二审中，各方当事人均未提交新证据。

本院经审理查明，一审法院认定事实无误，本院予以确认。

本院认为，吴××先后两次转账戚××、顾××合计20万元，沈××于第二次转账当日即2017年12月5日向吴××出具借条，明确借到吴××20万元，吴××据此主张双方就上述20万元成立借贷关系。沈××对此虽予以否认，但未能就出具借条作出合理解释，同时戚××、顾××陈述其成为20万元借款的实际收款人系因为沈××向戚××还款，沈××亦承认其在此之前与戚××之间存在借款关系，因此，一审法院认定沈××与吴××就20万元成立借贷关系，并无不当，本院予以确认。沈××于2017年12月5日出具的借条上载明借款利息按每月2%计算，结合20万元借款实际已发生的借期，吴××要求沈××支付利息5万元，尚属合理，可予支持。至于吴××主张的10万元借款，其从银行提取上述数额的现金当日，沈××出具借条载明“今借吴××10万元”，沈××虽否认收到10万元借款，但并未就出具借条作出合理解释，本院有理由认定沈××与吴××就10万元成立借贷关系。吴××要求沈××归还借款共计30万元，合法有据，应予支持。

综上所述，沈××的上诉请求，不能成立，应予驳回；一审判决认定事实清楚，适用法律正确，应予维持。据此，依照《中华人民共和国民事诉讼法》第一百七十六条第一款、第一百七十七条第一款第一项规定，判决如下：

驳回上诉，维持原判。

二审案件受理费6550元，由上诉人沈××负担。

本判决为终审判决。

审 判 长　韩××
审 判 员　范××
审 判 员　潘××
二〇二二年七月十二日
书 记 员　沈××

项目1.6　民事裁定书

学习任务

制作一份民事裁定书。

知识和能力目标

通过学习民事裁定书的概念、格式、例文等内容，培养学生具备法院书记员工作的核心业务能力。培养学生熟练掌握独立撰写民事裁定书的能力，并具备对已有的民事裁定书进行校对的能力。

案例引入

原告孙××与被告国网上海市××公司崇明××公司财产损害赔偿纠纷一案，上海市崇明区人民法院于2020年1月3日立案受理后，依法公开开庭进行了审理，并于同年5月29日作出一审判决。被告不服，提起上诉。上海市第二中级人民法院经审理后将该案发回重审。上海市崇明区人民法院立案后，另行组成合议庭进行了审理。原告孙××向法院提出诉讼请求：1. 判令被告赔偿原告经济损失350160元；2. 本案诉讼费由被告承担。事实与理由：原告孙××与上海××有限公司签订租赁合同，租赁该××中心××单元××号标准鱼塘（共计58亩）进行南美白对虾的养殖，租期从2017年3月1日至2020年2月28日止。孙××于2018年5月份投入南美白对虾虾苗。2018年7月24日凌晨2点左右，由于被告公司外线电路出现故障，经维修后于5时16分缺相××，造成原告虾塘内增氧泵烧坏无法运转，致原告虾塘内南美白对虾大量死亡，给原告造成较大的经济损失。原告遂以被告的过错给其造成财产损失而涉诉。2020年9月4日，上海市公安局崇明××院出具立案决定书，认为本案存在虚假诉讼嫌疑，故决定立案侦查。上海市崇明区人民法院认为，人民法院作为经济纠纷受理的案件，经审理认为不属经济纠纷案件而有经济犯罪嫌疑的，应当裁定驳回起诉，将有关材料移送公安机关或检察机关承担。

裁定书编号：2021年第10565号；作出裁定时间：2021年10月13日。

基础知识

一、概念

民事裁定书是指人民法院在审理民事案件和民事判决执行过程中，为解决程序问题作出的书面决定。

民事裁定书不同于民事判决书，它只解决程序问题，不解决实体问题。而且裁定既可以采取书面形式作出，也可以用口头形式表达，我国民事诉讼法第一百五十七条第三款中规定：“口头裁定的，记入笔录。”在民事案件的审理和民事判决执行过程中，包括在民事审判监督程序中，均可作出裁定；一个案件可以作出若干个裁定，从不同的方面解决不同的问题，从法律效力上看，民事裁定书比民事判决书具有更强的时效性。从法律内容上看民事裁定书比民事判决书更简略。从适用范围上看，民事裁定书比民事判决书更广泛。

二、类别

民事裁定书的类别很多，根据适用民事程序的不同，可分为第一审民事裁定书、第二审民事裁定书、再审民事裁定书、督促民事裁定书、公示催告民事裁定书、破产还债民事裁定书和执行裁定书七种。这里主要介绍最常见的第一审民事裁定书。

三、第一审民事裁定书

1. 概念

第一审民事裁定书是指人民法院在审理第一审民事案件的过程中，为解决程序问题作出的书面决定。

《中华人民共和国民事诉讼法》第一百五十七条规定了第一审民事裁定适用的范围有十一项，即不予受理；对管辖权有异议的；驳回起诉；财产保全和先予执行；准许或者不准撤诉；中止或者终结诉讼；补正判决中的失误；中止或者终结执行；不予执行仲裁裁决；不予执行公证机关赋予强制执行效力的债权文书；其他需要裁定解决的事项。其中前三项裁定可以上诉。针对这十一种情况可以制作出不同内容的第一审民事裁定书，每一种情况都有相应的格式，这里采用综述的方式进行分别说明。

2. 格式、内容和制作方法

民事裁定书由首部、正文、尾部三部分组成。

首部的写法与一审民事判决书基本相同。

标题：分两行写出制作机关（“××××人民法院”）和文书名称“民事裁定书”。

案号：位于标题右下方一行处写出“（年度）×民初字×号”。

诉讼参加人的情况：所涉项目与一审民事判决书相同，只是在出现下列情况时，当事人的称谓应做相应变化。如，不予受理起诉的和诉前财产保全的当事人不称“原告”而称“起诉人”“申请人”和“被申请人”。

正文一般包括案由、事实、理由和裁定结果四项内容。由于民事裁定书只是就民事诉讼中程序上的某一具体问题作出的书面决定，而不像判决书那样是针对全案实体问题所得出的总结性决定，因而裁定书的正文在内容上比较简单。下面择要说明。

（1）起诉不予受理的，正文的第一段写明起诉的理由，第二段写明因为不符合起诉条件而不予受理的理由以及法律依据，第三段写明裁定结果。格式如下：

“××××年××月××日，本院收到×××的起诉状，……

经审查，本院认为，……依照《中华人民共和国民事诉讼法》第×条的规定，裁定如下：对×××的起诉，本院不予受理。”

（2）对管辖权有异议的，写为：

本院受理原告×××（姓名）诉被告×××（姓名）××（案由）一案后，被告×××在提交答辩状期间对管辖权提出异议，认为……（写明异议的内容及理由）。经审查，本院认为，……（写明异议成立或异议不成立的根据和理由）依照《中华人民共和国民事诉讼法》第×条的规定，裁定如下：

下一段写明裁定结果。分两种情况：

第一，异议成立的，写：“被告×××对管辖权提出的异议成立，本案移送××××人民法院处理。”

第二，异议不成立的，写：“驳回被告×××对本案管辖权提出的异议。”

（3）驳回起诉的，写为：

“原告×××诉被告×××（姓名）××（案由）一案，本院依法进行了审理，现已审理终结。

……（简述原告起诉的理由和诉讼请求）

本院认为，……（写明驳回起诉的理由）依照……（写明裁定所依据的法律条款项）的规定，裁定如下：

驳回×××的起诉。”

其中驳回起诉的理由，应根据案件的不同情况，分别写清楚原告的起诉请求不属于受案人民法院管辖，或者虽然属于受案人民法院管辖但依法应在一定期限内不得起诉，或者原告的起诉不符合《中华人民共和国民事诉讼法》第一百二十二条规定的起诉条件，或者原告是不符合条件的当事人，或者被告是不符合条件的当事人等，都需要针对原告的请求充分说明理由。

（4）诉前财产保全的，写为：

“申请人×××因……（写明申请诉前财产保全的原因），于××××年××月××日向本院提出申请，要求对被申请人……（写明申请采取财产保全措施的具体内容）申请人已向本院提供……（写明担保的财产名称、数量和数额等）担保。

经审查，本院认为，……（写明采取诉前财产保全措施的理由）依照《中华人民共和国民事诉讼法》第×条第×款第×项的规定，裁定如下：

……（写明对被申请人的财产采取查封、扣押、冻结或者法律规定的其他保全措施的内容）

申请人应当在裁定书送达之日起15日内向本院起诉。逾期不起诉的，本院将解除财产保全。”

裁定结果应写明采取财产保全的具体措施及被保全财产的名称、数量或数额内容。

（5）诉讼财产保全的，写为：

“本院在审理……（写明当事人的姓名或名称和案由）一案中，×告×××于××××年××月××日向本院提出财产保全的申请，要求……（概括写明申请人的具体请求内容）并已提供担保（未提供担保的不写此句）。（法院依职权采取财产保全的，把‘×告×××……’一段删去，改为写明需要采取财产保全的事实根据。）

本院认为，×告××的申请符合法律规定〔法院依职权采取的，改为：‘本院为了……（写明需要采取财产保全的理由）’〕。依照……（写明裁定所依据的法律条款项）的规定，裁定如下：……（写明采取财产保全的具体内容。）”

其中“申请人的具体请求内容”应写明对被申请人在何地的何种财产采取保全方法。如“本院在审理×××工业总厂诉×××商品基地建设公司加工承揽合同纠纷一案中，原告×××工业总厂于2022年3月18日向本院提出财产保全的申请，要求将被告存放在×××经贸公司仓库内的玉米2000吨予以查封，并提供为其所有的玉米油700吨担保。”

法院依职权采取财产保全的，应写明客观存在的足以影响未来判决不能执行或难以执行的事实根据和必须采取保全措施的理由。如“本院在审理原告李×诉被告林×、王××房屋纠纷一案中，被告林×、王××所出卖的和平路五号房屋一栋，原告范×对此房产权有争议。”然后另起一段“本院为了便于本案审理，保障公民的合法权益，决定对该房采取诉讼保全措施。依照《中华人民共和国民事诉讼法》第××条第×款之规定，裁定如下：”其裁定结果应具体写明作为保全标的的财产名称、数量或数额以及保全的方法，如“对和平路五号房屋立即予以查封。”

（6）解除财产保全的，写为：

“本院于××××年××月××日作出（××××）×民×字第××号财产保全的裁定，现因……（写明解除财产保全的理由）依照……（写明裁定所依据的法律条款项）的规定，裁定如下：

解除对×××的……（写明财产的名称、数量或数额等）的查封（或扣押、冻结）。”不论是诉前或诉讼财产保全措施的实行，在予以解除时，都采用如上写法。例如：

“本院于2022年3月19日作出（2022）×民初字×号财产保全的裁定，现因双方在诉讼过程中，经本院主持调解，已达成了协议，本院于6月13日向双方送达了（2022）×民初字××号民事调解书，双方在当天就该调解书所确定的各自的义务自动履行完毕。依照《中华人民共和国民事诉讼法》第一百五十七条第一款第十一项之规定，裁定如下：

解除对和平路五号房屋的查封。”

（7）先予执行的，写为：

“本院在审理原告×××（当事人的姓名或名称和案由）一案中，×告×××于××年××月××日向本院提出先予执行的申请，要求……（概括写明请求的具体内容）并已提供担保（未提供担保的不写此句）。

本院认为：……（写明决定先予执行的理由）依照……（写明裁定所依据的法律条款项）的规定，裁定如下：……（写明先予执行的内容、时间和方式）。”例如：“本院在审理原告王×诉被告李××赡养纠纷一案中，原告王××于2022年6月12日向本院提出先予执行的申请，要求从被告的财产中先予执行给原告人民币3000元。

本院认为：被告李××不负担原告王×的赡养费是事实，为解决原告王×生活急需问题，应当批准原告的申请。依照《中华人民共和国民事诉讼法》第一百零九条第一款和第一百一十条第一款的规定，裁定如下：

立即从被告的财产中先予执行给原告人民币3000元。”

（8）准许或者不准许撤诉的，写为：

“本院在审理……（写明当事人姓名或名称和案由）一案中，原告×××于××××年××月××日向本院提出撤诉申请。

本院认为，……（写明准许或不准许撤诉的理由）依照……（写明裁定所依据的法律条款项）的规定，裁定如下：

准许原告×××撤回起诉（或者不准原告×××撤回起诉，本案继续审理）。”对于不准撤诉的，一般可用口头裁定，记入笔录，必要时也可使用书面裁定。裁定书中不准撤诉的理由，应当写明撤诉请求为什么不合法，或者会损害国家、集体或者他人的权益等；准予撤诉的，可写得概括一些。例如：

“本院在审理原告张×诉被告田××离婚一案，原告张×于2021年10月9日向本院提出撤诉申请。

本院认为，原、被告已自愿和好，且原告张×提出撤诉申请，依照《中华人民共和国民事诉讼法》第一百四十八条的规定，裁定如下：

准许原告张×撤回起诉。”

（9）补正判决中失误的，写为：

“原告×××诉被告×××（姓名）××（案由）一案，本院以（年度）××××民初字×号民事判决已审结。现发现……（具体写明判决书中的失误）应予更正。”

（10）中止或终结诉讼的，写为：

“本院在审理……（写明当事人姓名或名称和案由）一案中，……（写明中止或终结诉讼的事实根据）依照……（写明裁定所依据的法律条款项）的规定，裁定如下：

“本案中止诉讼。（或本案终结诉讼）。”

当一审法院在审理民事案件的过程中，因遇有民事诉讼法第一百五十三条所规定的某种特定情况，需作出暂时停止诉讼或者结束诉讼的决定时，应使用本裁定书。其中应写明的“中止或终结诉讼的事实根据”，是指客观存在的或已发生的某种致使诉讼中断或者不能继续进行的事实。例如：

“本院在审理原告王×诉被告李×离婚一案中，被告李×突然发病住院，经诊断患有妄想型精神分裂症，被告李×的法定代理人一时无法确定。依照《中华人民共和国民事诉讼法》第一百五十三条第一款第二项的规定，裁定如下：

“本案中止诉讼。”

尾部。第一审民事裁定书因内容不同而有所变化。其中驳回起诉、终结诉讼和准许（不准）撤诉的裁定，在裁定结果之后另起一段写明诉讼费用的负担；驳回起诉、不予受理起诉和驳回管辖异议的裁定书，要交代上诉权；财产保全和先予执行的裁定，在裁定结果之后另起一段分别写明：“本裁定书送达后立即执行。”“如不服本裁定，可以向本院申请复议一次。复议期间不停止裁定的执行。”最后是署名和时间以及加盖“本件与原本核对无异”的印戳、加盖法院院印。

例文示范

上海市浦东新区人民法院
民事裁定书

案号：（2021）沪0115民初×××××号

原告李×，男，××××年×月××日生，汉族，住上海市浦东新区。

委托诉讼代理人郁××，上海××律师事务所律师。

被告上海××建筑劳务有限公司，住所地上海市虹口区。

法定代表人乔××，董事长。

委托诉讼代理人费××，上海××律师事务所律师。

委托诉讼代理人王××，上海××律师事务所律师。

原告李×诉被告上海××建筑劳务有限公司建设工程分包合同纠纷一案，由上海市第一中级人民法院于2020年12月30日裁定发回本院重审。

本案一审案由为劳务合同纠纷，而二审经审查，以建设工程分包合同纠纷为案由发回重审。经确认，本案系争工程所在地为上海市奉贤区浦卫公路（大叶公路–南亭公路），故本院认为，本案应当由工程所在地上海市奉贤区人民法院管辖。

根据《中华人民共和国民事诉讼法》第三十三条、第三十六条，《最高人民法院关于适用〈中华人民共和国民事诉讼法〉的解释》第二十八条之规定，裁定如下：

本案移送上海市奉贤区人民法院处理。

审 判 长　周　×
审 判 员　杨××
人民陪审员　金××
二〇二一年六月十八日
书 记 员　朱××

上海市浦东新区人民法院
民事裁定书

案号：（2022）沪0115民初××××号

申请人浙江××商业银行股份有限公司上海分行，住所地中国（上海）自由贸易试验区浦明路×××弄1号1层101室、102室、103室，2层202室，6层601–607室。

负责人王××，行长。

委托诉讼代理人张××，女，职工。

委托诉讼代理人黄××，女，职工。

被申请人余×，男，××××年××月××日生，汉族，住河南省商城县。

被申请人漆××，女，××××年××月××日生，汉族，住河南省商城县。

本院在审理申请人浙江××商业银行股份有限公司上海分行诉被申请人余×、漆××金融借款合同纠纷一案中，申请人于2022年1月14日向本院提出财产保全申请，请求冻结被申请人余×、漆××的银行存款人民币355262.44元或查封、扣押其相应价值财产，并已提供担保。

本院认为，申请人的申请符合法律规定。依照《中华人民共和国民事诉讼法》第一百条第一款、第一百零二条、第一百零三条的规定，裁定如下：

冻结被申请人余×、漆××的银行存款人民币355262.44元或查封、扣押其相应价值财产。

本裁定书立即开始执行。

如不服本裁定，可以自收到裁定书之日起五日内向本院申请复议一次，复议期间不停止裁定的执行。

审 判 员　周 ×
二〇二二年一月十四日
书 记 员　沈 ×

上海市闵行区人民法院
民事裁定书

案号：（2021）沪0112民初×××××号

原告陈×，女，××××年×月××日出生，汉族，住上海市普陀区。

委托诉讼代理人罗××，上海虑远律师事务所律师。

被告谢×，女，××××年×月×日出生，汉族，住上海市闵行区。

被告张××，男，××××年×月××日出生，汉族，住上海市闵行区。

原告陈×与被告谢×、张××民间借贷纠纷一案，经上海市第一中级人民法院于2021年10月19日裁定发回重审后，本院于2021年11月19日立案受理。原告陈×于2022年3月7日以需要进一步举证为由向本院提出撤诉申请。

本院认为，当事人有权在法律规定的范围内处分自己的诉讼权利。现原告陈×申请撤诉，符合有关法律规定，本院可予准许。据此，依照《中华人民共和国民事诉讼法》第一百四十八条第一款之规定，裁定如下：

准许原告陈×撤诉。

案件受理费人民币6700元，减半收取计人民币3350元，由原告陈×负担。

审 判 长　林 ×
人民陪审员　童 ×
人民陪审员　吴××
二〇二二年三月七日
书 记 员　潘××

习作训练（引入案例参考答案）

上海市崇明区人民法院
民事裁定书

案号：（2021）沪0151民初×××××号

原告孙××，男，××××年××月××日生，汉族，户籍地浙江省湖州市南浔区。

现住上海市崇明区。

被告国网上海市××公司崇明××公司，住所地为上海市崇明区城桥镇西门路381号。

负责人陈×，总经理。

原告孙××与被告国网上海市××公司崇明××公司财产损害赔偿纠纷一案，本院于2020年1月3日立案受理后，依法公开开庭进行了审理，并于同年5月29日作出一审判决。被告不服，提起上诉。上海市第二中级人民法院经审理后将该案发回重审。本院立案后，另行组成合议庭进行了审理。

原告孙××向本院提出诉讼请求：1.判令被告赔偿原告经济损失350160元；2.本案诉讼费由被告承担。事实与理由：原告孙××与上海××有限公司签订租赁合同，租赁该××中心××单元××号标准鱼塘（共计58亩）进行南美白对虾的养殖，租期从2017年3月1日至2020年2月28日止。孙××于2018年5月份投入南美白对虾虾苗。2018年7月24日凌晨2点左右，由于被告公司外线电路出现故障，经维修后于5时16分缺相××，造成原告虾塘内增氧泵烧坏无法运转，致原告虾塘内南美白对虾大量死亡，给原告造成较大的经济损失。原告遂以被告的过错给其造成财产损失而涉诉。

2020年9月4日，上海市公安局崇明××出具立案决定书，认为本案存在虚假诉讼嫌疑，故决定立案侦查。

本院认为，人民法院作为经济纠纷受理的案件，经审理认为不属经济纠纷案件而有经济犯罪嫌疑的，应当裁定驳回起诉，将有关材料移送公安机关或检察机关。现公安机关已决定对本案立案侦查，故依照《中华人民共和国民事诉讼法》第一百一十九条第（四）项、第一百五十四条第一款第（三）项，《最高人民法院关于在审理经济纠纷案件中涉及经济犯罪嫌疑若干问题的规定》第十一条之规定，裁定如下：

驳回原告孙××的起诉。

如不服本裁定，可在裁定书送达之日起十日内，向本院递交上诉状，并按对方当事人或者代表人的人数提出副本，上诉于上海市第二中级人民法院。

审 判 长　沈××
审 判 员　黄××
人民陪审员　刘××
二〇二一年十二月二十日
书 记 员　李××

项目二
行政法律文书

项目2.1　行政起诉状

学习任务

制作一份行政起诉状。

知识和能力目标

通过学习行政起诉状的概念、格式、例文等内容，培养学生具备法律职业工作人员的核心业务能力。通过项目驱动，学生不仅能够撰写一份行政起诉状，并能够在撰写的基础上理解行政起诉与民事起诉的区别，会区分行政诉讼主体，看得懂行政诉讼的请求与理由，这也是书记员的基本业务要求。

案例引入

原告于20××年5月21日早7点30分在平乐园小区北口叫了一辆银建出租汽车公司所属白色“面的”（车号：京×13513），并对司机讲到小区内带点东西和接一个人。车到住处楼下，原告下车准备上楼时，司机说下车需留下押金，原告于是掏出50元钱放在驾驶室右座前的仪表台上。后原告及其爱人各搬几包东西放在车上，司机讲带东西要加10元钱。由于无此项规定收费标准，故予以拒绝。司机讲：“你不给加钱就甭坐。”原告说：“不坐就不坐。”司机又说：“不坐也要给10块钱。”这时原告爱人正准备往车下搬东西，司机却一把将放在右仪表盘台上的50元钱装在兜里，并启动车，原告此时手执车门扶手正站在开启着的车右前门侧的地上和司机讲理，由于担心车上的钱物被带跑，无证据，于是就将其右仪表盘台上的服务卡取下，这时车速已很快，将原告拖着跑了约60米，然后一个左急转弯，将原告及车上的东西重重地甩在地渣路上，原告的衣服都被搓破，浑身是血，经送医院检查，全身脸、手、胸、腿多处挫、裂伤，其中右手的食、拇指间有一宽3厘米，深2～3厘米的口子，造成外伤，缝合8针。目前原告右手遗有运动障碍，左面部留有伤疤。事发之后，原告多次去被告处（北京出租汽车管理局）投诉请求解决，但被告都给予推诿和拒绝。请代原告提起一份行政诉讼。

基础知识

一、概念

行政起诉状是自然人或其他法定代表人、近亲属、法人或者其他组织对具有国家行政职权的机关和组织及其工作人员的具体行政行为不服的，依据行政诉讼法的规定，以国家行政机关、行政组织为被告，请求人民法院维护其合法权益的书状。

二、行政诉讼的特点和种类

行政诉讼的特点主要体现在以下几个方面：

（1）被告的身份具有特定性。

（2）案件受理范围的法定性。

（3）提起行政诉讼的前置程序具有多样性。

（4）诉讼中的举证责任的倒置性。

关于行政起诉状的种类，根据起诉主体不同，大致可分为两种：一类是自然人提起行政起诉的起诉状，另一类是法人或其他组织提起行政诉讼的起诉状。由于提起主体不同，其在格式上也有区别。

三、格式

1. 公民提起行政诉讼使用的行政起诉状的格式

行政起诉状

原告（姓名、性别等身份事项）。

法定代理人（与原告关系和姓名、性别、工作单位等身份事项）。

委托代理人（姓名、性别、工作单位等身份事项，并说明与原告的关系。是律师的，只写明姓名、工作单位和职务）。

被告机关（名称、所在地址）。

第三人（系自然人的，写明身份事项；系法人或其他组织的，写明其名称、地址等事项）。

诉讼请求

……

事实与理由

……

证据和证据来源、证人姓名和住址。

此致

××人民法院

起诉人（姓名或名称）

××××年××月××日

附：本状副本×份。

2. 法人或其他组织提起行政诉讼使用的行政起诉状的格式

行政起诉状

原告（名称、所在地址）。

法定代表人或代表人（姓名、职务、电话）。

委托代理人（系律师的，只写姓名、工作单位和职务）。

被告机关（名称、所在地址）。

第三人（系自然人的，写明其身份事项；系法人或其他组织的，写明其名称、地址等事项）。

诉讼请求

……

事实与理由

……

证据和证据来源，证人姓名和住址。

此致

××人民法院

起诉人（姓名或名称）

××××年××月××日

（加盖公章）

附：本状副本×份。

三、内容和制作方法

行政起诉状的两种格式基本相同，只是当事人基本情况某些项目有所不同。

行政起诉状由首部、正文和尾部组成。

1. 首部

首部包括标题、当事人的基本情况和诉讼请求三个部分。

（1）标题。居中写明“行政起诉状”。

（2）当事人的基本情况。

（3）诉讼请求。

2. 正文

正文是文书的核心，主要应写明事实、理由和证据。

（1）事实。行政起诉状的事实部分分为三个层次：一是说明原告引起行政机关做出具体行政行为的事实；二是书写行政机关做出的具体行政行为；三是写明原告对具体行政行为是否申请过行政复议。如果申请过行政复议，复议机关是否改变了原具体行政行为，如果改变了，改变后的具体行政行为的内容是什么。

（2）理由。首先，应提出具体行政行为的不服之处；其次，论证说明行政机关的处理、处罚的错误所在，表明自己的行为不应当受到这种处罚。

（3）证据。列举证据应注意以下四点：一是列举证据的名称要规范，符合法律规定；二是举证要具体清楚，简明扼要；三是应当写明证据来源；四是要写证人的姓名和住址。

3. 尾部

尾部事项书写的项目和要求，与民事起诉状相同。

四、行政诉讼与民事诉讼

1. 人民法院主要受理的行政案件类型

根据《中华人民共和国行政诉讼法》第十二条的规定，人民法院主要受理下列行政案件：

（一）对行政拘留、暂扣或者吊销许可证和执照、责令停产停业、没收违法所得、没收非法财物、罚款、警告等行政处罚不服的；

（二）对限制人身自由或者对财产的查封、扣押、冻结等行政强制措施和行政强制执行不服的；

（三）申请行政许可，行政机关拒绝或者在法定期限内不予答复，或者对行政机关作出的有关行政许可的其他决定不服的；

（四）对行政机关作出的关于确认土地、矿藏、水流、森林、山岭、草原、荒地、滩涂、海域等自然资源的所有权或者使用权的决定不服的；

（五）对征收、征用决定及其补偿决定不服的；

（六）申请行政机关履行保护人身权、财产权等合法权益的法定职责，行政机关拒绝履行或者不予答复的；

（七）认为行政机关侵犯其经营自主权或者农村土地承包经营权、农村土地经营权的；

（八）认为行政机关滥用行政权力排除或者限制竞争的；

（九）认为行政机关违法集资、摊派费用或者违法要求履行其他义务的；

（十）认为行政机关没有依法支付抚恤金、最低生活保障待遇或者社会保险待遇的；

（十一）认为行政机关不依法履行、未按照约定履行或者违法变更、解除政府特许经营协议、土地房屋征收补偿协议等协议的；

（十二）认为行政机关侵犯其他人身权、财产权等合法权益的。

除前款规定外，人民法院受理法律、法规规定可以提起诉讼的其他行政案件。

2. 书写诉讼请求的注意事项

（1）分清涉及诉讼的多个有关行政机关中，谁是真正的被告。

（2）诉讼请求应当明确、具体。

3. 论述起诉的“事实与理由”时应注意的问题

（1）叙写事实时，应注意以下三个问题：

第一，应当根据提出的诉讼请求，确定叙述事实的内容。

第二，应当以行政诉讼法有关的规定为指导，明确写明事实的重点。

第三，应当写清事实的有关要素，包括纠纷发生的时间、地点、相关人物、原因、经过、主要情节、结果，以及双方争执的焦点等要素。

（2）论述起诉理由时应注意以下四个问题：

第一，理由应当与事实一致，应当为诉讼请求服务。

第二，说理要具有针对性，即针对被告作出处理或处罚决定的错误之处进行分析论证。

第三，要从实际出发，实事求是。

第四，要注意引用恰当的法律条款作为依据，充分阐明起诉的理由。

4. 要注意行政起诉状提交的时间期限

根据《中华人民共和国行政诉讼法》第四十五条的规定，公民、法人或者其他组织不服复议决定的，可以在收到复议决定书之日起十五日内向人民法院提起诉讼。复议机关逾期不作决定的，申请人可以在复议期满之日起十五日内向人民法院提起诉讼。法律另有规定的除外。

例文示范

原告邹××，原福建××律师事务所律师。

被告福建省司法厅。法定代表人：陈××，厅长。

请求事项

1. 撤销被告对原告部分信访事项所作的处理决定，判令被告依法重新处理。

2. 判令被告对原告投诉陈××对抗省厅行政决定，利用掌控的福建××律师事务所印章，继续非法执业，冒充律师从事法律服务和招兵买马，准备搞假合伙两个信访事项立案查处，并及时反馈查处情况。

事实与理由

2010年3月份以来，原告通过信访渠道陆续地向被告提出大量的信访事项（详见信访材料清单）。在原告的强烈要求和多次催促下，被告迟至2011年7月21日才向原告送达一份《关于对邹××信访事项处理情况的答复》，对原告提出的信访事项给予部分答复。原告不服该答复提出的处理意见，认为被告没有依法、完全地履行处理信访事项，对律师、律师事务所和律师协会进行监督、指导和保护律师依法执业等行政职责，对原告提出的部分信访事项所作的处理不符合法律、法规的要求，对其中大部分信访事项未予查处和答复。其违法行政行为给原告依法执业、维护职业声誉、正当竞争的权利及因此应获的合法权益造成了严重损害。

一、被告对原告部分信访事项的处理不符合法律、法规的要求

被告在答复中向原告反馈了对原福建××律师事务所主任陈××非法兼任执业律师、福建××律师事务所脱钩改制和原告对福建省律师协会闽律复字（2010）第3号复查决定申诉的问题的处理情况或处理意见，现逐一剖析、辩驳如下：

1. 关于原福建××律师事务所主任陈××非法执业的问题。

被告在答复中采取了避重就轻的方法，将原告在投诉书中严正指出、郑重举报的“陈××隐瞒国家公务员身份，骗取省厅颁发律师执业证书、长期非法兼任执业律师”的问题，轻描淡写地说成“你投诉原福建××律师事务所律师陈××既是公务员身份又兼任执业律师一事”，并隐去原告同时投诉陈××“窃取福建××律师事务所主任职务，利用××律师事务所脱钩改制工作陷入僵局的机会进行非法承包，对××律师事务所进行种种违法、违规管理，非法设立接待点，不给聘用律师（原告)安排工作场所、办理社会养老保险，不依法统一收案等违法、违规行为”（除“非法承包”没有查证外，其他问题均已经查实）的事实，以达到不按照《中华人民共和国律师法》第四十四条、第四十五条等法条的规定，给予陈××吊销律师执业证书、没收违法所得等处罚，而仅

仅“在2010年度对陈××未予注册并收回其执业证书”了事，包庇、袒护陈××的目的。

更严重的是，被告却因为陈××违法、违规问题而“殃及池鱼”，随意地不给没有违法、违纪，符合年检注册条件的所内其他律师办理年检注册，导致原告长期无法执业。与此同时，被告长期不收缴××律师事务所的印章和执业证正本，有意放任陈××继续以××律师事务所的名义公开营业，他本人仍以律师名义非法执业，时间长达一年多。

2. 关于福建××律师事务所脱钩改制的问题。

被告在答复中称“福建××律师事务所已不符合国资所设立条件，且该所又不具备改制的条件，目前，该所印章已收回，省厅也已下文注销福建××律师事务所”，说“福建××律师事务所已不符合国资所设立条件”确系事实，但说“该所又不具备改制的条件”就纯属欺人之谈了！

××律师事务所属于福州市仓山区司法局主管的“区属所”，早在2008年下半年就由仓山区委、区政府两套班子集体决议脱钩改制，所内原有六七名律师，在2009年初就已经大部分分流安置到仓山司法局的公证处、法律援助中心等科室；区人事和财政主管部门也相应地取消了该所的编制和拨款。该所的脱钩改制早已是大势所趋、瓜熟蒂落、水到渠成的事情，只是由于陈××要继续非法兼任执业律师，利用与司法行政机关领导的特殊关系，非法承包该所经营（为了方便陈××“行使职权”，垄断仓山区的法律服务市场，仓山司法局还在2004年4月份破例增设了“公律科”，安排陈××担任科长；在原告2008年9—10月举报后，为了搪塞原告，在被告授意下仓山司法局才匆忙撤销了陈××“公律科”科长职务)，该所的脱钩改制工作才陷入僵局，迟迟不能完成。

这个情况，正如答复中所称的，被告曾两次派员调查核实，并经过领导班子反复、慎重研究，曾两次下文限期××律师事务所完成脱钩改制；原告也曾两次向被告提出报告，请求协调，由原告牵头与所内另两名律师共同完成杰诚所的脱钩改制。但由于仓山区司法局、福州市司法局的干扰（他们意图怂恿、支持陈××当幕后老板，搞假合伙，以达到其变相设立个人律师事务所、兼任执业律师的非法目的，因此利用从属关系控制所内另两名律师，不准其与原告一起对××所进行改制）和省厅律管处某负责人的阳奉阴违、怠于执行，也由于被告的软弱和姑息、迁就，被告依法作出已经发生法律效力的行政决定才无法贯彻落实。

被告在答复中所称“该所印章已收回，省厅也已下文注销福建××律师事务所”一说，因被告拒绝原告查看有关文件的要求（被告对原告的信访事项曾作过多次处理，下发了多个文件，但始终不敢让原告看文件，内中蹊跷，可想而知)，也没有将注销决定依法公告，是否落实，无法考证，难以让人置信！

3. 关于对闽律复字（2010）第3号复查决定申诉的问题。

被告在答复中以“根据中华全国律师协会《律师协会会员违规行为处分规则》规

定，省律协闽律复字（2010）第3号‘复查决定’系已经发生法律效力的最终裁决”为由，认为原告“要求省厅撤销‘复查决定’没有法律依据”而拒绝了原告该项申诉请求，理由不能成立。

省级律协对律师被投诉违纪案件作出的“复查决定”虽是行业处分程序中发生法律效力的终局裁决，但这并不意味着这种“复查决定”有错误时，可以不予纠正!《中华人民共和国律师法》明确规定，司法行政机关对律师协会进行监督、指导。什么叫指导，就是司法行政机关应当引导律师协会正确履行职责;什么叫监督，就是当律师协会工作发生失误，作出的决定、决议确有错误时，司法行政机关应当及时给予纠正，或者责令其重新处理，或者给予撤销。《信访工作条例》也规定，信访人不服法律、法规授权的具有管理公共事务职能的组织（律师协会是《中华人民共和国律师法》授权的具有律师行业管理职能的组织）及其工作人员的职务行为，可以向有关行政机关提出信访事项，有关行政机关应当在法定期限内依法处理，并答复信访人。这么明明白白的法律依据，被告怎么能视而不见，充耳不闻呢!

二、被告对原告提出的其他信访事项应当立案查处，并向原告反馈查处情况

原告投诉陈××、原福建××律师事务所的一系列违法、违规行为，均属于依照《中华人民共和国律师法》《律师和律师事务所违法行为处罚办法》规定的，应当受到行政处罚的行为；陈××作为国家公务员，公然违反法律规定，实施各种违法乱纪行为；在受到查处后不但不思悔改，反而屡次对抗省厅的决定，变本加厉地进行违法活动，根据《中华人民共和国公务员法》的规定，其更应当受到严厉的纪律制裁，其中已经查实的，包括隐瞒国家公务员身份，骗取省厅颁发律师执业证书、长期非法兼任执业律师和窃取××律师事务所主任职务后对律师所进行的各种违法、违规管理行为，被告应当按照职能管辖范围和干部管理权限，及时作出行政处罚决定，并移送有关部门给予治安管理处罚、行业处分和政纪处分；其非法承包××律师事务所、2010年度律师执业证未予年检注册后冒充律师继续非法执业和省厅勒令××律师事务所脱钩改制后策划假合伙、假改制等违法行为，被告尚未给予查证，应依法立案查处，并给予原告答复，反馈查处结果和处罚情况。

原告向被告投诉和申诉的事项，分别涉及个人执业权益、职业声誉和同业竞争等问题，均属于《中华人民共和国行政诉讼法》第十二条第（十二）项规定的“申请行政机关履行保护人身权、财产权的法定职责”的情形，原告不服被告所作的答复，特向贵院起诉，请依法办理。

此致

福州市鼓楼区人民法院

起诉人邹××

二〇××年七月二十四日

习作训练（引入案例参考答案）

尊敬的审判长、人民陪审员：

原告×××，男，××岁，×族，××出版社编辑，住北京市××区××街××号，邮政编码：×××××× 联系电话：×××××××××××。

被告北京市出租汽车管理局，住所地：北京市××区×××路××号，邮政编码：100044，联系电话：×××××××××××。

案由：出租汽车管理局拒不履行法定职责。

诉讼请求：

一、判令被告向原告公开赔礼道歉；

二、判令被告依法对北京市××实业股份有限公司拒载伤害原告的恶劣行为作出处罚。

事实与理由：

原告于××××年×月××日上午7点30分在平乐园小区北口叫了一辆××出租汽车公司所属白色“面的”（车号：京××××××），并对司机讲到小区内带点东西和接一个人。车到住处楼下，我下车准备上楼时，司机说下车需留下押金，我于是掏出50元钱放在驾驶室右座前的仪表台上。我和我爱人各搬几包放在车上，司机讲带东西要加10元钱。由于无此项规定收费标准，故予以拒绝。司机讲“你不给加钱就甭坐”，我说：“不坐就不坐”，司机又说：“不坐也要给10块钱”，这时我爱人正准备往车下搬书，司机却一把将放在右仪表盘台上的50元钱装在兜里，并发动车，而我此时手握车门扶手正站在开启着的车右前门侧的地上和司机讲理，由于担心车上的钱物被带跑，无证据，于是就将其右仪表盘台上的服务卡取下，这时车速已很快，将我拖着跑了约60米，然后一个左急转弯，将我及车上的书重重地甩在地渣路上，我的衣服都被搓破，浑身是血，经送医院检查全身脸、手、胸、腿多处挫、裂伤，其中右手的食指和拇指间有一宽3厘米、深2～3厘米的口子，造成外伤 ，缝合8针。目前原告右手遗有运动障碍，左面部留有伤疤。

事发之后，被告非但未对其辖下的北京市××实业股份有限公司的恶劣行为进行处罚，反而在原告十几次找被告解决问题时进行推诿，拒不接待，甚至说原告妨碍了他们的工作。被告的行为引起了新闻界的极大关注：《法治日报》于××××年××月×日予以报道，××月×日刊出评论，北京电视台在××月××日的新闻栏目中予以报道，并且披露了被告拒绝被采访的事实；《北京青年报》在××月××日的新闻周刊中亦予以报道，《南方周末》在××月×日也给予披露。

然而，时至事发后近一年的今日，原告对××公司仍未作出任何处罚，对原告也未作出任何口头或书面有关此事的答复。

根据《北京市出租汽车管理条例》的有关内容，被告没有履行其所应负有的责任，给原告及社会造成了极坏的后果，依据《中华人民共和国行政诉讼法》《中华人民共和国民法典》《中华人民共和国消费者权益保护法》的有关规定向人民法院提起诉讼，请求人民法院公断。

此致

西城区人民法院

起诉人×××

××××年××月××日

附：本诉状副本一份。

项目2.2　第一审行政判决书

学习任务

制作一份行政第一审判决书。

知识和能力目标

通过学习第一审行政判决书的概念、格式、例文等内容，培养学生具备法院书记员工作的核心业务能力；让学生熟练掌握独立撰写第一审行政判决书的能力，并具备对已有的一审行政判决书进行校对的能力。

案例引入

国家知识产权局以黄××申请注册的第430557××号“METAL-MA×”商标（简称诉争商标）构成《中华人民共和国商标法》(简称《商标法》)第三十条所指情形为由，作出被诉决定，驳回诉争商标在复审商品上的注册申请。因此，原告黄××提出诉讼请求：1. 诉争商标与引证商标在复审商品上未构成近似商标。2. 被告将诉争商标与引证商标认定为近似商标，属于事实认定错误。3. 诉争商标与引证商标共存于市场不会导致相关公众的混淆误认。所以原告黄××希望被告国家知识产权局重新作出决定。

在本案中，有诉争商标和引证商标的商标档案、行政阶段相关材料、当事人陈述及开庭笔录等证据在案。被告认为被诉决定认定事实清楚，适用法律正确，作出程序合法。原告黄××表示对诉争商标指定使用的复审商品与引证商标核定使用商品构成类似商品没有异议且诉争商标指定使用的复审商品与引证商标核定使用商品在商品的功能、用途、生产部门、销售渠道、消费群体等方面相同或相近，已构成同一种或类似商品。法院根据《商标法》第三十条规定：“申请注册的商标，凡不符合本法有关规定或者同他人在同一种商品或者类似商品上已经注册的或者初步审定的商标相同或者近似的，由商标局驳回申请，不予公告。”法院支持被告认定诉争商标的申请注册违反了《商标法》第三十条之规定并无不当。

因此该法院驳回了原告黄××的请求。案件受理费用人民币一百元也应由原告黄××承担。

原告黄××，男，××××年××月××日出生，台湾居民来往大陆通行证号002××478，中华人民共和国台湾居民居住证号83000019521031××××。

委托诉讼代理人：王××，××首捷律师事务所律师。

被告国家知识产权局，住所地××市××区蓟门桥西土城路6号。

法定代表人李×，局长。

委托诉讼代理人石×，国家知识产权局审查员。

委托诉讼代理人刘××，国家知识产权局审查员。

案由：商标申请驳回复审行政纠纷。

被诉决定：商评字［2020］第00003455××号关于第430557××号“METAL-MA×”商标驳回复审决定。

诉争商标申请号：第430557××号。

引证商标注册号：第10880××号。

被诉决定作出时间：2020年12月30日。

判决书编号：××××年第2669号；作出判决时间：××××年××月××日。

基础知识

一、概念

第一审行政判决书指各级人民法院在受理行政诉讼案件后，按照行政诉讼法的第一审程序审理终结，依照法律和行政法规、地方性法规的规定，参照有关行政规章，就案件的实体问题作出的书面处理决定。

第一审行政判决一般按照普通程序审理，特殊情况可以按照简易程序审理。依照《中华人民共和国行政诉讼法》第八十二条规定：“人民法院审理下列第一审行政案件，认为事实清楚、权利义务关系明确、争议不大的，可以适用简易程序：（一）被诉行政行为是依法当场作出的；（二）案件涉及款额二千元以下的；（三）属于政府信息公开案件的。除前款规定以外的第一审行政案件，当事人各方同意适用简易程序的，可以适用简易程序。发回重审、按照审判监督程序再审的案件不适用简易程序。”

二、格式

××××人民法院

行政判决书

（××××）××行初字××号

原告……。

被告……。

第三人……。

原告×××不服××××（行政机关名称）××××年××月××日（××××）×××

字第××号××××处罚决定（或复议决定、其他具体行政行为），向本院提起诉讼。本院受理后，依法组成合议庭，公开（或不公开）开庭审理了本案。……（写明到庭的当事人、代理人等）到庭参加诉讼。本案现已审理终结。……（概括写明被告所作的具体行政行为的主要内容及其事实与根据，以及原告不服的主要意见、理由和请求等）

经审理查明，……（写明法院认定的事实）

本院认为，……（根据查明的事实和有关法律规定，就行政机关所作的具体行政行为是否合法，原告的诉讼请求是否有理，进行分析论述）。依照……（写明判决所依据的法律条款项）的规定，判决如下：

……（写明判决结果。分六种情况）

……（写明诉讼费用的负担）

如不服本判决，可在判决书送达之日起十五日内，向本院递交上诉状，并按对方当事人的人数提出副本，上诉于××××人民法院。

审判长　×××

审判员　×××

审判员　×××

××××年××月××日

书记员　×××

三、内容和制作方法

第一审行政判决书分为首部、事实、理由、判决结果和尾部等五部分。

1. 首部

首部应依次写明标题、案号、当事人及其诉讼代理人的基本情况以及案件来源、审判组织和开庭审理过程。

（1）标题。由法院名称、文书种类两大要素组成，分两行书写。其中对县、县级市的人民法院要冠以省、自治区、直辖市名；对市辖区的基层人民法院，可按照最高人民法院制发的印章冠名；中级人民法院一般不冠以省、自治区、直辖市名。各级人民法院在判处涉外案件时都必须冠以“中华人民共和国”的国名，如“中华人民共和国××高级人民法院”。文书种类另起一行，居中写“行政判决书”。

（2）案号。案号的基本要素为收案年度、法院代字、类型代字、案件编号。收案年度是收案的公历自然年，用阿拉伯数字表示。法院代字是案件承办法院的简化标识，用中文汉字、阿拉伯数字表示。类型代字是案件类型的简称，用中文汉字表示。案件编号是收案的次序号，用阿拉伯数字表示。案号各基本要素的编排规格为：“（收案年度）+法院代字+类型代字+案件编号+‘号’”。每个案件编定的案号均应具有唯一性。其中法院简称应与行政区划的简称一致。案件性质简称“行”。例如，上海市浦东新区人民法院2022年第939号一审行政案件，表述为“（2022）沪0115行初939号”。

（3）诉讼参加人的基本情况。提起行政诉讼的原告包括公民、法人或者其他组织。原告是公民的，写明姓名、性别、出生年月日、民族、职业或工作单位和职务、住址。原告是法人或其他组织的，写明法人或其他组织的名称和所在地址；另起一行列项写明法定代表人或代表人及其姓名、职务等。

如果原告是没有诉讼行为能力的公民，除写明原告本人的基本情况外，还应另起一行列项写明其法定代理人或指定代理人的姓名、性别、职业或工作单位和职务、住址，以及其与被代理人的关系。

被告要写明被诉的行政机关名称、所在地址；另起一行写明该机关的法定代表人及其姓名和职务；再另起一行写明委托代理人的姓名、性别、职业或工作单位和职务、住址等，如委托代理人是律师的只写其姓名和××律师事务所律师。

第三人的写法与原告相同。

2. 正文

（1）案件来源、审判组织和开庭审理过程。这项内容主要书写案件的案由、审判组织的组成以及经过的审判程序，以体现行政第一审审判程序的合法性。有的原告或者被告经两次合法传唤未到庭的，还应当写明：“×告×××经本院两次合法传唤，无正当理由拒不到庭。”

（2）事实。事实部分应当首先写明当事人行政纠纷的内容，以及经法院审理确认的事实和证据。行政诉讼是以原告不服行政机关的具体行政行为为前提的。当事人行政讼争的事实，一般应先写被告所作的具体行政行为的内容，列举的证据和所依据的相关法律、法规及规章；然后阐述原告不服的主要意见、理由和诉讼请求，以及被告的答辩；如有第三人参加诉讼的，再阐明第三人的意见。行文上要力求语言简单清楚，如实反映当事人之间发生行政纠纷的实质问题，避免不必要的前后重复。不能简单照抄行政起诉状和答辩状。其次写明法院认定的案件事实和依据。该段文字是行政第一审判决书的关键部分。事实要客观、真实，表达应准确、具体。要把有关的时间、地点、内容、情节和因果关系等交代清楚。另外，判决认定的事实要注重证据，行政诉讼的被告负有举证责任，这一点应予以强调，证据要经法庭查对属实，叙事与举证紧密结合。

（3）理由。理由部分要写明第一审行政判决书所根据的法理和所依据的法律条文。第一审行政判决的理由主要根据查明的事实和有关法律、法规和法学理论，就行政主体所作出的具体行政行为是否具有合法性。针对原告的诉讼请求是否有理，进行分析论证，以证明法院的观点。采用议论的表达方式，论事说理要透彻，具有针对性，让人心悦诚服。

第一审行政判决所依据的法律条文。根据《中华人民共和国行政诉讼法》第六十三条的规定：“人民法院审理行政案件，以法律和行政法规、地方性法规为依据。地方性法规适用于本行政区域内发生的行政案件。人民法院审理民族自治地方的行政案件，并以该民族自治地方的自治条例和单行条例为依据。”如果被诉行政机关与受诉人民法院不在同一地区，应当以作出具体行政行为的行政机关依法所适用的地方性法规为依据。引用法律、法规要写到最具体的条、款、项、目。既要重视实体法，又要重视程序法。需要参照有关的规章时，应当写明：“根据《中华人民共和国行政诉讼法》第六十三条，参照××规章（应写明条、款、项）的规定。”在第一审行政判决书中，除适用相关的行政实体法外，还应分别适用行政诉讼法第六十九条至第七十八条的规定，据此作出相应的判决。总之，引用法律依据应遵循准确、具体、完整、有序的原则。

（4）判决结果。判决结果就是判决结论部分的内容，是人民法院对被诉的具体行政行为是否合法进行审查后，依据查明的事实、证据和单行法律、法规或参照规章，对当事人之间的行政诉讼争议作出的实体结论。根据《中华人民共和国行政诉讼法》第六十九条至第七十八条的规定，第一审行政判决分驳回原告诉讼请求判决、撤销判决和重作判决、限期履行判决、变更判决、确认违法判决、确认无效判决六种。具体陈述分为六种情况：

第一，驳回原告诉讼请求判决的，写法比较简单，直接写：

“驳回原告×××的诉讼请求。”

第二，撤销行政机关具体行政行为的，写：

一、撤销××××（行政机关名称）××××年××月××日（××××）×××字第××号处罚决定（或复议决定、其他具体行政行为）；

二、如果判决被告重新作出具体行政行为的，写明判决被告重新作出具体行政行为的内容。没有该项内容则忽略不写；

第三，限期履行判决的，写为：

责成被告××××……（写明被告应当履行的法定职责内容和期限）例如：责成被告××××在×天内颁发给原告×××证；

第四，变更判决的，应写为：

变更被告××××（行政主体名称）××××年×月×日（××××）××字第××号××××行政处罚决定（或复议决定），改为……（写明变更后的内容）

第五，确认违法判决，写为：

确认被告××××行政行为违法。（写明被告违法的行政行为内容）例如：“确认被告××××颁发规划许可证违法”。 如果同时判决被告采取补救措施的，应写明被告采取何种补救措施。如果判决被告承担行政赔偿责任的，应写明赔偿的具体数额以及交付时间。

第六，确认无效判决的，写：

“确认被告××××行政行为无效。（写明被告无效的行政行为内容）。”如果同时判决被告采取补救措施的，应写明被告采取何种补救措施。如果判决被告承担行政赔偿责任的，应写明赔偿的具体数额及交付时间。

上述六种判决结果中，第二种情况的第二项内容比较容易出现表述上的错误。它要求必须写清判决被告重新作出具体行政行为的内容，如果只简单写为“被告××××重新作出具体行政行为”是不合要求的。必须写出具体行政行为所针对的特定相对人和行政行为的具体内容，如写为“被告××海关应在本判决生效后××日内，依法对原告××公司的商品税则归类申请争议重新作出行政裁决”，便具体说明了判决被告重新作出行政行为的内容。

3. 尾部

根据《中华人民共和国行政诉讼法》第八十条的规定：“人民法院对公开审理和不公开审理的案件，一律公开宣告判决。当庭宣判的，应当在十日内发送判决书；定期宣判的，宣判后立即发给判决书。宣告判决时，必须告知当事人上诉权利、上诉期限和上诉的人民法院。”第一审行政判决书尾部应依次写明：诉讼费用由谁负担，写清当事人上诉的权利、上诉期限和上诉审法院。写清合议庭成员署名，判决日期，书记员署名等。判决书的正本，应由书记员在判决日期的左下方、书记员署名的左上方，加盖“本件与原本核对无异”字样的印戳。

例文示范

上海市浦东新区人民法院
行政判决书

案号：（2021）沪0115行初×××号

原告张××，女，××××年×月××日生，汉族，住上海市。

被告上海市崇明区人力资源和社会保障局，住所地上海市。

法定代表人施×，局长。

出庭行政机关负责人张×，副局长。

委托代理人朱××，该局工作人员。

委托代理人郑××，该局工作人员。

第三人上海××清洁工程有限公司，住所地上海市。

法定代表人赵××，总经理。

委托代理人杨××，该公司员工。

委托代理人杨×，该公司员工。

原告张××诉被告上海市崇明区人力资源和社会保障局（以下简称崇明人社局）工伤保险资格认定一案，本院于2021年8月16日立案受理后，在法定期限内向被告送达了起诉状副本及应诉通知书。因上海××清洁工程有限公司（以下简称××公司）与本案的处理结果有法律上的利害关系，本院依法追加其为本案第三人。本院依法组成合议庭，于同年9月2日公开开庭审理了本案。原告张××，被告崇明人社局的副局长张×及委托代理人朱××、郑××，第三人××公司的委托代理人杨××、杨×到庭参加诉讼。本案现已审理终结。

崇明人社局于××××年×月×日作出崇明人社局（2021）字第×××号《不予认定工伤决定书》（以下简称《被诉决定》），主要内容为：2020年11月22日9时40分许，张××在工作场所搬运木板时不慎摔倒在地。2020年12月5日，张××经上海××医院诊断为“T12椎体压缩性骨折”。2021年6月2日，上海××司法鉴定所出具鉴定意见，认定张××胸12椎体压缩性骨折为其原有的器质性病变的基础上，外伤使其症状进一步显现，外伤为较次要作用，建议参与度为25%左右。张××遭受的事故未造成伤害后果，不符合《工伤保险条例》《上海市工伤保险实施办法》第十四条、第十五条认定工伤或视同工伤的情形，决定不予认定或视同工伤。

原告张××诉称，其在地铁站工作了14年，从未请过假，亦未患病。2020年11月22日9时40分左右，其在用人单位××公司承包的本市地铁3号线虹口足球场站上班期间，在拉拆下来的放置在小推车上被卡住的更衣柜木板时，一下子坐在了地上。2020年12月5日，其因感到大腿根部前侧位置有发麻症状，前往上海××医院就诊，被诊断为胸12椎体压缩性骨折。后崇明人社局委托的鉴定机构出具了原告存在疾病的鉴定意见，该鉴定意见依据的CT是在原告骨折未痊愈的情况下拍摄的。鉴定意见出具后，其前往两家医院治疗，均未发现其存在退行性病变，且原告凭该鉴定意见前往相关部门办理残疾证，被告知无法办理。由此可知，该鉴定意见无法律效力，被诉决定证据不足。原告在工作时间和工作场所内因工作受伤，应认定为工伤，被诉决定认定原告无伤害后果，认定事实不清，且程序违法，请求法院依法予以撤销。

被告崇明人社局辩称，根据《中华人民共和国劳动法》第九条第二款及《工伤保险条例》第五条第二款等规定，其具有作出被诉决定的法定职权。被告收到原告申请后，经受理、鉴定、调查等程序，然后在法定期限内出具被诉决定并送达，其行政程序合法。经查，2020年11月22日9时40分许，××公司保洁员张××在工作场所内搬运木板时，不慎摔倒。经医院诊断为“T12椎体压缩性骨折”。经有资质的鉴定机构鉴定，张××的上述骨折为其原有的器质性病变的基础上，外伤使其症状进一步显现，外伤的参与度为25%左右。被告据此认定其上述伤情不符合《工伤保险条例》《上海市工伤保险实施办法》第十四条、第十五条的规定，适用法律正确。综上，被诉决定合法，请求法院依法驳回原告的诉讼请求。

第三人××公司述称，根据公司规定其员工如在工作中受伤应第一时间报告，最迟应在24小时内向公司人事部报告。张××作为单位老员工且是公司领班，其应清楚该规定。据张××自述其于2020年11月22日受伤，于同年12月5日就诊，其是在事发13

天后去医院治疗其他疾病时发现其伤情的，然后次日向第三人报告。在此之前，张××每天均正常上下班，且其部分工作内容是体力劳动，如其当时摔伤，则不可能正常上班。第三人接到张××的报告后，第一时间进行了调查，发现张××陈述的事发地点是视频监控盲区，其提供的证人郭××、吕××均非事发地铁站的工作人员，两人未直接看到事发的经过，其陈述的内容均来自张××。张××在其2020年12月5日就诊病历中陈述其是在就诊前10天受伤，实为13天前。总之，现有证据不能证明张××在工作岗位上受伤，其不构成工伤。请求法院依法驳回原告的诉讼请求。

经审理查明，2020年1月1日至12月31日，张××系××公司的保洁员。2021年3月2日，张××向崇明人社局提交工伤认定申请表、劳动合同、病史资料等材料，要求该局将其于2020年11月22日在本市地铁3号线虹口足球场站处理拆下来的更衣柜木板时所受的"胸12椎体压缩性骨折"的伤情认定为工伤。崇明人社局于2021年3月9日受理了张××的申请。该局认为张××事故发生日期与伤情确诊日期（2020年12月5日）间隔较长，且事情发后张××一直在正常上班，该局对当日的事故与T12椎体压缩性骨折的伤病关系存在疑问，其决定委托有关鉴定机构进行鉴定。2021年4月29日，上海××司法鉴定所受理了崇明人社局的委托。次日，崇明人社局以工伤认定决定需鉴定机构的鉴定意见为依据，决定案件中止审理。同年6月2日，上海××司法鉴定所针对张××自述的上述受伤事故与同年12月5日诊断的"T12椎体压缩性骨折"的伤病关系，出具了鉴定意见书，主要内容为：被鉴定人张××胸12椎体压缩性骨折为其原有器质性病变的基础上，外伤使其症状进一步显现，外伤为较次要作用，建议参与度为25%左右。崇明人社局于同年6月28日决定恢复案件审理，于同年7月1日出具《被诉决定》，并向张××及××公司进行了邮寄送达。张××不服该决定，遂要求上诉。

以上事实由工伤认定申请表、受理决定书、中止审理通知书、恢复审理通知书、劳动合同，对张××的调查笔录、病史资料、员工出勤签到表、鉴定意见书等证据及当事人庭审陈述予以佐证。

本院认为，根据《工伤保险条例》第五条第二款等规定，崇明人社局具有作出被诉决定的法定职权。崇明人社局在收到张××的工伤认定申请后，经受理、调查等程序，在法定期限内作出被诉决定并送达，其行政程序合法。根据《工伤保险条例》第十四条第（一）项的规定，在工作时间和工作场所内，因工作受到的事故伤害，应认定为工伤。本案中，原告自述在工作时不慎摔倒导致其"T12椎体压缩性骨折"，而具有鉴定资质的鉴定机构出具的鉴定意见认为张××的上述伤情为其在原有器质性病变的基础上，外伤使其症状进一步显现，外伤为较次要作用，建议参与度为25%左右（16%～29%），也就是说原告自身疾病是其上述伤情的主要因素，其自述的摔倒行为是次要因素，与其上述伤情之间因果关系参与度较低。被告据此认为原告不符合《工伤保险条例》第十四条、第十五条规定的认定工伤或者视同工伤的情形，作出被诉决定，并无不当。原告认为其构成工伤，缺乏依据，本院难以支持。据此，依照《中华人民共和国行政诉讼法》第六十九条之规定，判决如下：

驳回原告张××的诉讼请求。

案件受理费人民币50元（原告张××已预缴），由原告张××负担。

如不服本判决，可在判决书送达之日起十五日内，向本院递交上诉状，并按对方当事人的人数提出副本，上诉于上海市第一中级人民法院。

审 判 长　宋××
人民陪审员　龚××
人民陪审员　钱××
二〇二二年一月二十九日
书 记 员　黄××

习作训练（引入案例参考答案）

北京知识产权法院
行政判决书

（20××）×73行初××××号

原告黄××，男，××××年××月××日出生，台湾居民来往大陆通行证号002××478，中华人民共和国台湾居民居住证号83000019521031××56。

委托诉讼代理人王××，北京××律师事务所律师。

被告国家知识产权局，住所地××市××区蓟门桥西土城路6号。

法定代表人李×，局长。

委托诉讼代理人石××，国家知识产权局审查员。

委托诉讼代理人刘××，国家知识产权局审查员。

被告以原告申请注册的第43055760号“METAL−MA×”商标（简称诉争商标）构成《中华人民共和国商标法》(以下简称《商标法》)第三十条所指情形为由，作出被诉决定，驳回诉争商标在复审商品上的注册申请。

原告诉称：一、诉争商标与引证商标在复审商品上未构成近似商标。二、被告将诉争商标与引证商标认定为近似商标，属于事实认定错误。三、诉争商标与引证商标共存于市场不会导致相关公众的混淆误认。因此，请求法院撤销被诉决定，责令被告重新作出决定。

被告辩称：被诉决定认定事实清楚，适用法律正确，作出程序合法，请求判决驳回原告诉讼请求。

本院经审理查明：

原告在庭审中明确表示对诉争商标指定使用的复审商品与引证商标核定使用商品构成类似商品没有异议。

上述事实，有诉争商标和引证商标的商标档案、行政阶段相关材料、当事人陈述及开庭笔录等证据在案佐证。

本院认为，根据当事人的诉辩主张，本案的争议焦点为诉争商标是否违反《商标法》第三十条的规定。

《商标法》第三十条规定："申请注册的商标，凡不符合本法有关规定或者同他人在同一种商品或者类似商品上已经注册的或者初步审定的商标相同或者近似的，由商标局驳回申请，不予公告。"

本案中，至本案审理时，引证商标仍为有效商标，仍然构成诉争商标获准注册的在先权利障碍。

本案中，诉争商标与引证商标在文字构成、呼叫等方面相近，构成近似商标。由于原告在庭审中明确表示对诉争商标指定使用的复审商品与引证商标核定使用商品构成类似商品没有异议，且诉争商标指定使用的复审商品与引证商标核定使用商品在商品的功能、用途、生产部门、销售渠道、消费群体等方面相同或相近，已构成同一种或类似商品，本院经审查对此予以确认，故诉争商标与引证商标构成使用在相同或类似商品上的近似商标。

因此，被告认定诉争商标的申请注册违反了《商标法》第三十条之规定并无不当，本院予以支持。

综上，原告黄××的诉讼理由缺乏事实和法律依据，其诉讼请求本院不予支持。据此，依照《中华人民共和国行政诉讼法》第六十九条的规定，本院判决如下：

驳回原告黄××的诉讼请求。

案件受理费人民币一百元，由原告黄×洧负担。(已交纳)

如不服本判决，原告黄××可于本判决书送达之日起三十日内、被告国家知识产权局可于本判决书送达之日起十五日内，向本院递交上诉状，并按对方当事人的人数提交副本，同时预交上诉案件受理费人民币一百元，上诉于××市高级人民法院。

审判长　宁　×
人民陪审员　王　×
人民陪审员　张××
二〇××年八月二日
书记员　张　×

项目2.3　第二审行政判决书

学习任务

制作一份第二审行政判决书。

知识和能力目标

学习第二审行政判决书的概念、格式、例文等内容，使学生熟练掌握法院书记员工作的核心业务能力；培养学生独立撰写二审行政判决书的能力，并具备对已制作完成的二审行政判决书进行校对的能力。

案例引入

根据如下案例制作一份人民法院第二审行政判决书。

刘××于2000年被批准建住房时，因房基地高于东邻石××家房，石××干涉，刘××让出15厘米的胡同。2018年，石××翻建住房，因房基地又高于刘××家，刘××干涉。在村干部调解下，双方达成两家房中间留有32厘米胡同的协议。2020年，刘××在翻建东山墙时，向东移位15厘米。××市××乡人民政府于同年×月×日，作出限刘××于接到本处罚决定十五日内拆除砌筑，退回原址，将非法占用土地交集体管理的行政处罚决定。刘××不服乡政府处罚决定，于2020年1月23日向××市人民法院起诉。原审判决驳回刘××的诉讼请求，维持××市××乡人民政府×改发（2020）20号处罚决定。

之后刘××向××省××市中级人民法院提起二次上诉，请求撤销原判和行政处罚决定。原因是刘××是在政府批准建房范围内修复倒塌的东山墙，没有侵占集体土地，因而不应受到行政处罚。

刘××所在的村、乡、市三级组织，明确规定上诉人紧靠石××家房建房不得留有胡同，石××要求上诉人建房必须留有胡同，显然无理。刘××、石××虽然于2018年达成两家房中间留有32厘米胡同的协议，但该协议违背政府关于建房的审批决定，且政府从未收回归上诉人使用的15厘米宽度的地段，双方的协议没有法律效力，上诉人有权在政府批准的石××提出争议的15厘米宽度地段内砌筑山墙。据此二审法院认为刘××上诉成立，二审法院撤销××市人民法院（2020）××行初3号行政判决，撤销××市××乡人民政府于2020年×月×日作出的×改发（2020）20 号处罚决定，一、二审案件受理费各×××元，均应由被××市××乡人民政府负担。

上诉人刘××，男，××××年×月××日出生，汉族，××省××市人、系农民，住在××省××市××乡××村。

委托代理人王×，××律师事务所律师。

被上诉人（原审被告）××市××乡人民政府，地址××市××乡。

法定代表人陈××，系该乡乡长。

委托代理人包×，男，系该乡人民政府土地助理员。

委托代理人孟×，男，系该乡人民政府司法助理员。

判决书编号：2021年第10号；作出判决时间：2021年3月12日。

基础知识

一、概念

第二审行政判决书是指第二审人民法院在收到当事人不服一审判决提起上诉的行政案件后，按照第二审程序审理终结，就案件的问题依法作出维持原判或者改判的决定时使用的文书。

《中华人民共和国行政诉讼法》第八十五条规定："当事人不服人民法院第一审判决的，有权在判决书送达之日起十五日内向上一级人民法院提起上诉。"《中华人民共和国行政诉讼法》第八十七条规定："人民法院审理上诉案件，应当对原审人民法院的判决、裁定和被诉行政行为进行全面审查。"《中华人民共和国行政诉讼法》第八十九条规定："人民法院审理上诉案件，按照下列情形，分别处理：(一) 原判决、裁定认定事实清楚，适用法律、法规正确的，判决或者裁定驳回上诉，维持原判决、裁定；(二) 原判决、裁定认定事实错误或者适用法律、法规错误的，依法改判、撤销或者变更；(三) 原判决认定基本事实不清、证据不足的，发回原审人民法院重审，或者查清事实后改判；(四) 原判决遗漏当事人或者违法缺席判决等严重违反法定程序的，裁定撤销原判决，发回原审人民法院重审。原审人民法院对发回重审的案件作出判决后，当事人提起上诉的，第二审人民法院不得再次发回重审。人民法院审理上诉案件，需要改变原审判决的，应当同时对被诉行政行为作出判决。"因此，第二审人民法院必须全面审查第一审法院的判决，不受上诉范围的限制。

二、格式

××××人民法院
行政判决书

（××××）××行终字××号

上诉人（原审××）……

被上诉人（原审××）……

上诉人×××因……（写明案由）一案，不服××××人民法院（××××）×行初字第××号行政判决，向本院提起上诉。本院依法组成合议庭，公开（或不公开）开庭审理了本案。……（写明到庭的当事人、诉讼代理人等）到庭参加诉讼。本案现已审理终结。（未开庭的写："本院依法组成合议庭，对本案进行了审理，现已审理终结。"）

……（概括写明原审认定的事实和判决结果，简述上诉人的上诉请求及其主要理由和被上诉人的主要答辩的内容）

经审理查明，……（写明二审认定的事实证据）

本院认为，……（写明维持原判或改判理由）依照……（写明判决所依据法律条款项）的规定，判决如下：

……（写明判决结果，分四种情况）

……（写明诉讼费用的负担）

本判决为终审判决。

审判长　×××
审判员　×××
审判员　×××
××××年××月××日
书记员　×××

三、内容和制作方法

制作第二审行政判决书，应当体现第二审的特点，强调针对性和说服力。包括下面三部分内容：首部、正文（事实、理由、判决结果）和尾部。

1. 首部

（1）标题：写法与第二审民事判决书基本相同，只是将"民"字改为"行"字。

（2）案号：除审判程序简称为"终"字外，其余与第一审行政判决书相同。

（3）诉讼参加人：当事人及其他诉讼参加人的列项和基本情况的写法，除当事人的称谓外（“上诉人”与“被上诉人”），与一审行政判决书相同。其中原告、被告和第三人都提出上诉的，可并列为“上诉人”。当事人中一人或者部分提出上诉，上诉后是可分之诉的，未上诉的当事人在法律文书中可以不列；上诉后仍是不可分之诉的，未上诉的当事人可以列为被上诉人。

2. 正文

（1）案件来源、审判组织和审判方式。《中华人民共和国行政诉讼法》第八十六条规定：“人民法院对上诉案件，应当组成合议庭，开庭审理。经过阅卷、调查和询问当事人，对没有提出新的事实、证据或者理由，合议庭认为不需要开庭审理的，也可以不开庭审理。”案件来源要写清楚行政诉讼纠纷的来由。审判组织必须是合议庭，不允许像第一审法院一样采用简易程序，实行独任审判。审判方式可以开庭审理，也可以不开庭审理。

（2）事实部分。

包括上诉争议的内容以及二审查明认定的事实和证据两部分，分成两个段落叙述。针对上诉争议的内容，叙述时要概括简练，抓住争议焦点，防止照抄原审判决书、上诉状和答辩状，但要符合一审判决的内容原意。

第二审查明认定的事实和证据，要根据不同类型的案件书写。如果原审判决事实清楚，上诉人亦有异议的，简要地确认原判认定的事实即可；如果原审判决认定事实清楚，但上诉人提出异议的，应对有异议的问题进行重点分析，予以确认；如果原审判决认定事实不清，证据不足，经二审查清事实后改判的，应具体叙述查明的事实和有关证据，予以澄清。

（3）理由。

第一层次即判决的理由。针对上诉请求和理由，就原审判决认定的事实是否清楚，适用法律、法规是否正确，有无违反法定程序，上诉理由是否成立，上诉请求是否应予采纳，以及被上诉人的答辩是否有理等进行分析论证，阐明维持原判或者撤销原判予以改判的理由。写作方法上一定要有针对性和说服力，反映出二审的特点，注重从事实和法理方面加以分析，以回答上诉争议的主要问题，引出合乎逻辑的公正结论。

第二层次即判决所依据的法律条文。应分别引用《中华人民共和国行政诉讼法》第八十九条前三款的规定。其中全部改判或者部分改判的，除先引用行政诉讼法的有关条款外，还应同时引用改判所依据的实体法的有关法律依据。

（4）判决结果。

根据我国《中华人民共和国行政诉讼法》第八十九条规定，二审行政判决分为驳回上诉、维持原判的判决，依法改判的判决，发回重审的判决三种情况，在具体表述上有四种方式：

第一，维持原判的，写为：

“驳回上诉，维持原判。”

第二，对原审判决部分维持、部分撤销的：

“一、维持××人民法院（××××）×行初字×号行政判决第×项，即……（写明具体内容）

二、撤销××人民法院（××××）×行初字×号行政判决第×项，即……（写明具体内容）

三、……（写明对撤销部分作出改判的内容。如无需作出改判的，此项不写）”

第三，撤销原审判决，维持行政机关的具体行政行为的，写为：

“一、撤销××人民法院（××××）×行初字×行政判决；

二、维持××（行政机关名称）××××年×月×日（××××）×字第×号处罚决定（复议决定或者其他具体行政行为）。”

第四，撤销原审判决，同时撤销或者变更行政机关的具体行政行为的，写为：

“一、撤销××人民法院（××××）×行初字×号行政判决；

二、撤销（或变更）××××（行政机关名称）××××年×月×日（××××）×字第×号处罚决定（复议决定或者其他具体行政行为）；

三、……（写明二审法院改判结果的内容。如无需作出改判的，此项不写）”

3. 尾部

第二审行政判决书与第二审民事判决书写法基本相同。一定要特别注明，此判决为终审判决。

例文示范

上海市第二中级人民法院

行政判决书

案号：（2022）沪02行终×××号

上诉人（原审原告）武汉×××国际贸易有限公司，住所地湖北省武汉市洪山区珞狮南路×××号××大厦××楼××××号。

法定代表人周×，武汉×××国际贸易有限公司经理。

被上诉人（原审被告）上海市公安局浦东分局，住所地上海市浦东新区丁香路×××号。

法定代表人马××，上海市公安局浦东分局局长。

原审第三人郑××，男，××××年×月××日出生，汉族，住上海市杨浦区。

委托代理人罗××，上海××律师事务所律师。

委托代理人王×，上海××律师事务所律师。

上诉人武汉××洋国际贸易有限公司（以下简称“××洋公司”）因行政拘留一案，不服上海市静安区人民法院（2021）沪0106行初×××号行政判决，向本院提起上诉。本院依法组成合议庭审理了本案，现已审理终结。

原审认定，2020年11月25日，上海市公安局浦东分局（以下简称“浦东公安分局”）下属罗山新村派出所接到报案，报警人周×称：其为×××公司法定代表人，其于2020年11月21日15时许在武汉市汉阳区××大道四××路××城××小区××栋家中浏览公司邮件，发现×××××（上海）报关有限公司（以下简称“××公司”）用×××公司的名义与一家名为ONE船的公司签订报关保函，保函中其本人的签名及公司公章均为假，与真的有明显区别，怀疑对方私刻公章并冒名签名；后经联系万享公司业务员郑××，郑××言辞含糊不清，故来所报案；目前暂无损失。浦东公安分局于当日立案受理后，向×××公司出具受案回执。2020年12月22日，浦东公安分局作出证据保全决定，将一枚带有“×××公司”字样的公章扣押7日（自2020年12月22日至2020年12月29日）。浦东公安分局经调查询问，认定郑××实施了使用伪造的证明文件的违法行为，于2020年12月22日向郑××作出行政处罚事先告知，郑××未提出陈述和申辩。浦东公安分局遂于同日作出浦东行罚决字〔2020〕××××××号行政处罚决定，认定2020年11月13日，郑××在上海市浦东新区××路××号××座××室有使用伪造的证明文件的违法行为，根据《中华人民共和国治安管理处罚法》（以下简称《治安管理处罚法》）第五十二条第二项规定，决定给予郑××行政拘留五日的行政处罚。浦东公安分局于当日将行政处罚决定直接送达郑××、邮寄送达×××公司，并将行政拘留家属通知书邮寄送达郑××家属。×××公司不服，诉至原审法院，请求撤销浦东公安分局作出的上述行政处罚决定。

原审认为，根据《治安管理处罚法》的相关规定，浦东公安分局依法负责本区域内治安管理工作、具有对治安案件进行调查和处理的行政职权。浦东公安分局依法进行受案登记，经调查在法定期限内作出被诉行政处罚决定，行政程序合法。《治安管理处罚法》第五十二条规定：“有下列行为之一的，处十日以上十五日以下拘留，可以并处一千元以下罚款；情节较轻的，处五日以上十日以下拘留，可以并处五百元以下罚款：（一）伪造、变造或者买卖国家机关、人民团体、企业、事业单位或者其他组织的公文、证件、证明文件、印章的；（二）买卖或者使用伪造、变造的国家机关、人民团体、企业、事业单位或者其他组织的公文、证件、证明文件的；……”第二十二条规定：“违反治安管理行为在六个月内没有被公安机关发现的，不再处罚。”

本案中，浦东公安分局经向×××公司及郑××调查询问、调取保全相关材料等，查明郑××于2020年1月左右通过案外人私刻×××公司印章，于2020年11月13日在退运保函上使用该伪造的公司印章并伪造×洋公司法定代表人周×的签名。浦东公安分局遂认定郑××于2020年11月13日在上海市浦东新区××路××号××座××室实施了使用伪造的证明文件的违法行为，且情节较轻，据此对其作出行政拘留五日的行政处罚。×××公司在庭审中主张，郑××不仅在退运保函上使用私刻的公司印章及伪造法定代表人签名，亦私刻公司印章及法定代表人章后在转账退税申请书上使用，情节严重，应按伪造公司印章罪追究郑××的刑事责任。对此，原审认为，根据受案登记表、询问笔录等现有证据显示，×××公司报案时系针对郑××伪造×××公司印章及冒用法定代表人签名的行为，亦仅提交了×××公司的真实印章用以比对，浦东公安分局由此展开相应调查。×××公司若认为郑××还存在其他违法行为，可另行向公安机关主张。×××公司要求浦东公安分局追究郑××刑事责任的主张，不属于行政案件的审查范围。×××公司还认为郑××构成不正当竞争且情节严重，对×××公司造成三十万元的经济损失，对此，×××公司在报案时称当时无实际损失，在本次诉讼中亦未提供确凿证据证明其因郑××的违法行为受到相应经济损失；×××公司若认为郑××构成不正当竞争，可通过其他合法途径解决。综上，浦东公安分局作出本案被诉行政处罚决定，认定事实清楚，适用法律正确，裁量适当。×××公司要求撤销被诉行政处罚决定的诉讼请求缺乏事实根据和法律依据，原审不予支持。据此，原审法院判决驳回×洋公司的诉讼请求。判决后，×××公司不服，上诉于本院。

上诉人×××公司上诉称，郑××未经上诉人授权或许可，私刻上诉人公章及法定代表人公章两枚并使用，挖走上诉人的公司客户，给上诉人造成了数十万元的经济损失，被诉行政处罚决定仅针对郑××私刻一枚公章的行为作出处罚。根据《治安管理处罚法》第五十二条的规定，郑××的违法行为并无从轻、减轻处罚的情节，被上诉人作出行政拘留五日的处罚畸轻。上诉人请求撤销原审判决，依法改判或发回重审。

本院经审理查明，原审判决认定事实清楚，本院予以确认。

本院认为，根据《治安管理处罚法》第九十一条的规定，被上诉人浦东公安分局具有作出被诉行政处罚决定的执法主体资格。浦东公安分局下属派出所在接到报案后，依法立案受理并开展调查，在作出被诉行政处罚决定之前，履行了事先告知程序，在法定期限内作出被诉行政处罚决定并予以送达，执法程序合法。根据浦东公安分局在原审中提供的周×及郑××的询问笔录、退运保函、情况说明及证据保全相关材料等证据，能够证明郑××于2020年1月左右通过案外人私刻×××公司印章，同年11月13日在退运保函上使用该印章并伪造周×签名的事实。根据《治安管理处罚法》第二十二条第一款之规定，郑××伪造公章的行为已超过六个月的治安管理处罚时效，浦东公安分局认定郑××的行为属于使用伪造的证明文件的违法行为，事实清楚，适用法律正确。浦东公安分局根据《治安管理处罚法》第五十二条的规定，结合郑××的行为未造成危害后果、×××公司早已知晓但未追究等情节，对郑××处行政拘留五日，裁量幅度亦无不当。关于×××公司提出浦东公安分局仅对郑××私刻公司印章的行为进行处罚的问题，浦东公安分局提交的受案登记表、周×的询问笔录及情况说明能够证明，周×报案的事项仅针对郑××在退运保函中使用私刻×××公司公章及仿造其个人签名的行为，浦东公安分局调查取得的证据亦无涉及郑××私刻×××公司法定代表人印章的材料，×××公司若认为郑××有其他私刻其法定代表人印章的行为，可另行通过其他途径解决。×××公司主张郑××的违法行为造成其数十万元的经济损失，但其在报案时称无实际损失，且未能提供证据予以证明，本院不予采信。综上，浦东公安分局对周×报案事项进行的查处并无不当，且对郑××作出的行政处罚决定并未实际影响×××公司的权利义务，故上诉人的上诉请求及理由缺乏事实证据和法律依据，本院不予支持。据此，依照《中华人民共和国行政诉讼法》第八十九条第一款第一项之规定，判决如下：

驳回上诉，维持原判。

二审案件受理费人民币50元，由上诉人武汉×××国际贸易有限公司负担。

本判决为终审判决。

审判长　张　×
审判员　包××
审判员　田　×
二〇二二年六月二十日
书记员　王××

习作训练（引入案例参考答案）

××省××市中级人民法院

行政判决书

（2021）沪××行终10号

上诉人（原审原告）刘××，男，××××年×月××日出生，汉族，××省××市人，农民，住址××省××市××乡××村。

委托代理人王×，××律师事务所律师。

被上诉人（原审被告）××市××乡人民政府，地址××市××乡。

法定代表人陈××，系该乡乡长。

委托代理人包×，男，系该乡人民政府土地助理员。

委托代理人孟×，男，系该乡人民政府司法助理员。

上诉人刘××因土地行政处罚争议一案，不服××市人民法院（2021）××行初3号行政判决，向本院提起上诉。本院依法组成合议庭，对本案进行了审理，现已审理终结。

原审认定的基本事实是：刘××于2000年被批准建住房时，因房基地高于东邻石

××家房，石××干涉，刘××让出15厘米的胡同。2018年，石××翻建住房，因房基地又高于刘××家，刘××干涉。在村干部调解下，双方达成两家房屋中间留有32厘米胡同的协议。2020年，刘××在翻建东山墙时，向东移位15厘米。××市××乡人民政府于同年×月×日，依据《中华人民共和国土地管理法》第七十八条的规定，作出限刘××于接到本处罚决定后15日内拆除砌筑，退回原址，将非法占用土地交集体管理的行政处罚决定。刘××不服乡政府处罚决定，于2021年1月23日向××市人民法院起诉。原审判决驳回刘××的诉讼请求，维持××市××乡人民政府×政发（2020）20号处罚决定。案件受理费×××元，由刘××负担。

刘××提出上诉，请求撤销原判和行政处罚决定。其主要理由是，上诉人是在政府批准建房范围内修复倒塌的东山墙，没有侵占集体土地，因而不应受到行政处罚。

××市××乡人民政府答辩：上诉人于 2000年建房时，已同意让出15厘米的胡同，于2018年在村干部主持下与石××达成两家房屋中间留出32厘米胡同的协议。自此，该土地已不属于刘××使用面积。刘××借翻修东山墙之机侵占土地，违反了《中华人民共和国土地管理法》第七十八条，被上诉人作出限期拆除非法砌筑，归还土地的行政处罚是正确的，原审作出维持这一行政处罚决定的判决也是正确的，上诉审法院应当维持原判。

经审理查明：2000年4月，上诉人所在的村组织和乡、市两级人民政府先后批准上诉获××东靠石××家房建4间房，两家房中间不准留胡同。施工中，石××以上诉人建房房基高于其家房为由，不准上诉人贴靠其房建房，上诉人不得不同意留出15厘米胡同。2018年，石××原地翻建房屋，上诉人以石××翻建房基高于其家房基为由，提出异议。经村委会调解，双方达成了两家房中间留有32厘米胡同的协议。2020年上诉人在修复倒塌的东山墙时，距石××家房西山墙17厘米处砌筑，由此而引起与石××的争议。因两家不能自行解决争议，被上诉人遂作出了前述的行政处罚决定。

上述事实，有被上诉人提交的材料和一、二审法院收集的建房审批文书，现场勘查照片，证人证言笔录和当事人陈述笔录在卷为凭。这些证据业已经过当事人的质证和本院的审查。

本院认为，上诉人所在的村、乡、市三级组织，明确规定上诉人紧靠石××家房建房不得留有胡同，石××要求上诉人建房必须留有胡同，显然无理。刘××、石××虽然于2018年达成两家房屋中间留有32厘米胡同的协议，但该协议违背政府关于建房的审批决定，且政府从未收回归上诉人使用的15厘米宽度的地段，双方的协议没有法律效力，上诉人有权在政府批准的石××提出争议的15厘米宽度地段内砌筑山墙。被上诉人将上诉人该行为确认为非法占用集体土地，并施以行政处罚，没有法律根据，应予撤销。原审作出维持该行政处罚，显属错判，应予纠正。上诉人的上诉理由成立，其请求合法，应予支持依照《中华人民共和国行政诉讼法》第八十九条第二项的规定，判决如下：

一、撤销××市人民法院（2021）××行初 3 号行政判决。

二、撤销××市××乡人民政府于2020年×月×日作出的×改发（2020）20 号处罚决定。

一审、二审案件受理费各×××元，均由被上诉人××市××乡人民政府负担。

本判决为终审判决。

审判长　×××

审判员　×××

审判员　×××

二〇二一年五月十二日

书记员　×××

项目2.4　行政裁定书

学习任务

制作一份行政裁定书。

知识和能力目标

通过学习行政裁定书的概念、格式、例文等内容，学生能熟练掌握法院书记员工作的核心业务能力；培养学生独立撰写行政裁定书的能力，并具备对已有的行政裁定书进行校对的能力。

案例引入

根据如下案例制作一份行政裁定书。

起诉人齐×，女，汉族，××××年×月××日出生，住北京市昌平区。

起诉人齐×向北京市昌平区人民法院提出诉讼请求：请求法院撤销北京市昌平交通支队作出的×公交（昌）复字结论〔2021〕第090号《道路交通事故复核结论》。

事实与理由：齐×对北京市昌平交通支队沙河大队作出的交通事故认定书不服，向昌平交通支队提起复核。2021年7月12日，昌平交通支队作出复核结论，维持原道路交通事故认定，齐×认为被诉复核结论对其权利义务产生了影响，与事故双方当事人有直接的法律利害关系，给其带来了不利的法律后果，该复核行为具有具体行政行为特征，应该受人民法院的审查、监督，切实保护当事人合法权益，属于行政案件受理条件。昌平交通支队作出的被诉复核结论认定事实不清、适用法律错误且程序违法。

北京市昌平区人民法院根据《中华人民共和国行政诉讼法》第四十九条第（四）项规定，提起诉讼应当符合此条件：属于人民法院受案范围和受诉人民法院管辖。《中华人民共和国道路交通安全法》第七十三条规定：“公安机关交通管理部门应当根据交通事故现场勘验、检查、调查情况和有关的检验、鉴定结论，及时制作交通事故认定书，作为处理交通事故的证据。”因此，交通事故认定书属于处理交通事故的证据，其并未对当事人设定权利义务关系，不属于可诉的行政行为。而上一级公安机关交通管理部门受理当事人的复核申请，对道路交通事故进行复核，是对事故责任再次认定。因交通事故认定书的性质已定性为证据，故交通事故认定复核结论亦属于对证据的一种复核及再形成，其依然是一种证据行为，亦未对当事人设定新的权利义务，不属于人民法院行政诉讼的受案范围。因此人民法院对齐×的起诉，不予立案。

裁定书编号：2021年第534号；作出裁定时间：2021年8月3日。

基础知识

一、概念

行政裁定书，是人民法院依照行政诉讼法的规定审理行政案件，为解决行政诉讼程序问题作出的书面决定。行政裁定书与行政判决书一样，是重要的行政裁判文书。依诉讼程序的不同，行政裁定书可分为第一审行政裁定书、第二审行政裁定书和再审行政裁定书。这里主要介绍第一审行政裁定书。

二、格式、内容及制作方法

1. 首部

依次写明标题、编号、当事人称谓，其写法基本上与第一审行政判决书相同。

(1) 标题。分两行写出制作机关（“××××人民法院”）和文书名称（“行政裁定书”）。

(2) 案号。“（××××）×行初字第×号。”

(3) 当事人情况。应分别对待，不予受理起诉的写为“起诉人”；驳回起诉以及准许或不许撤诉的写为“原告”“被告”“第三人”，其余同第一审行政判决书的写法。

2. 正文

依次写明案由、事实、理由和裁定结果四项内容。

(1) 起诉不予立案的。正文第一段写明起诉的事由，要求文字简明概括；第二段写不予立案的理由，比如，原告所诉事项不属于人民法院的受案范围，或者不属于受诉法院管辖，或者当事人主体资格不合格等。然后引用相应的法律条款项；第三段写明裁定结果。如格式：

“××××年××月××日，本院收到×××的起诉状，……

经审查，本院认为，……依照……的规定，裁定如下：

对×××的起诉，本院不予立案。”

(2) 驳回起诉的。写为：

“原告×××不服××××（行政机关名称）××××年××月××日×××字第××号处罚决定（复议决定或其他具体行政行为），向本院提起诉讼。本院受理后，依法组成合议庭，公开（或不公开）开庭审理了本案。

……（简述原告起诉的事由）

本院认为，……（写明驳回起诉的理由）依照……（写明引用的法律条款项）的规定，裁定如下：

驳回原告×××的起诉。”

（3）准许或不准撤诉的。写为：

“原告×××不服××××（行政机关名称）××××年××月××日×××字第××号处罚决定（复议决定或其他具体行政行为），向本院提起诉讼，本院已依法受理。在审理过程中，原告×××……（简要写明原告提出的撤诉请求和理由）

经审查，本院认为，……（写明准许撤诉或不准撤诉的理由）依照《中华人民共和国行政诉讼法》第六十二条的规定，裁定如下：

准许原告×××撤回起诉（或不准原告×××撤诉，本案继续审理）。”

其中裁定的理由一定要清晰明确。因为原告处理自己的诉讼权利，必须在法律规定的范围内进行，以不损害国家、社会的利益以及他人的合法权益为前提；即使行政机关改变其所作的具体行政行为，原告同意并申请撤诉的，也必须以合法为条件。

对于不准撤回起诉的案件，一般可以口头裁定，必要时可制作书面裁定。

例如（准许撤诉的）：“原告李×不服××镇人民政府2022年5月4日××镇司法所作出的关于对××村村民李×与王×立纠纷的处理决定，向本院提起诉讼，本院已依法受理，在审理过程中，原告以被告已自行撤销了处理决定为由申请撤回起诉。经审查，本院认为：在审理过程中，被告撤销了本镇司法所的处理决定，原告表示同意并申请撤回起诉，应予准许。依照《中华人民共和国行政诉讼法》第六十二条规定，裁定如下：准许原告李×撤回起诉。”

3. 尾部

不予受理起诉的和驳回起诉的，在裁定主文下面另一段写明：上诉日期、上诉法院等有关上诉权利的情况。

如果是准许撤诉的，应写明诉讼费用的负担；不准撤诉的，此项不写。

其余事项写法与第一审行政判决书基本相同。

例文示范

上海市闵行区人民法院

行政裁定书

案号：（2021）沪0112行初×××号

原告江苏××公司，住所地为江苏省××市××镇××路××号。

法定代表人赵××，执行董事。

委托代理人陈××，北京市××律师事务所律师。

委托代理人王×，北京市××律师事务所（实习）律师。

被告上海市奉贤区市场监督管理局，住所地为××市××区×××路××号。

法定代表人曹×，局长。

被告上海市市场监督管理局，住所地为××市××区×××路××号。

法定代表人陈××，局长。

委托代理人贺××，上海市市场监督管理局工作人员。

委托代理人钱××，上海市市场监督管理局工作人员。

原告江苏××公司（以下简称"××公司"）诉被告上海市奉贤区市场监督管理局（以下简称"区市监局"）、被告上海市市场监督管理局（以下简称"市市监局"）撤销行政许可决定及复议决定一案，于2021年8月20日向本院提起行政诉讼，本院于2021年10月11日立案受理，并依法组成合议庭进行了审理。本案现已审理完毕。

原告诉称，原告与汤×、叶×执行追加一案经上海市奉贤区人民法院（以下简称"区法院"）审理并于2020年10月22日作出（2020）沪0120执异149号执行裁定。2020年10月28日，汤×、叶×以上海××有限公司（以下简称"××公司"）系被冒名注销为由向上海市第一中级人民法院（以下简称"一中院"）申请复议，并向区市监局申请撤销××公司的注销登记，后一中院以该案事实不清为由，裁定撤销（2020）沪0120执异149号执行裁定并发回重审。重审程序中，原告收到区法院邮寄的《上海市奉贤区市场监督管理局撤销行政许可决定书》［奉市监撤许决字（2020）第180202000070号］（以下简称"被诉决定"），因主要事实不清，证据不足，缺乏法律依据，违反法律程序。2021年4月28日，原告向市市监局申请复议，后市市监局作出沪市监复议（2021）141号行政复议决定书（以下简称"被诉复议决定"），复议决定维持被诉决定。原告认为，区市监局在原告与××公司股东尚某在未决诉讼的情况下，既未向区法院询问审理情况，也未通知利害关系人（即原告）参加听证，更未要求股东对被冒名签字一事进行笔迹鉴定，仅凭借利害关系人上海奉浦开发区江海经济园区管理委员会（以下简称"经济园区"）的言辞作出被诉决定的行政行为违反法定程序。区市监局作出的撤销××公司注销登记的行政行为，直接导致了原告诉汤×、叶×执行追加一案依据，即××公司被注销登记的事实被消灭，致原告的权利无法实现，因此原告与两被告的行政行为具有直接的利害关系，且原告认为两被告作出的行政行为事实不清、证据不足，缺乏法律依据，违反法律程序，严重损害了原告的合法权益。故根据《中华人民共和国行政诉讼法》有关规定，原告提出本次诉讼，请求：1.确认被诉决定及被诉复议决定违法；2.撤销被诉决定及被诉复议决定。

被告区市监局辩称，2020年11月3日，××公司股东汤×向区市监局反映××公司清算组备案登记及注销登记系在股东不知情的情况下，伪造其签字取得的，要求区市监局撤销注销登记。区市监局经调查后依法于2020年12月11日作出被诉决定，并向××公司及其股东汤×、叶×送达。被告认为基于现有证据难以证实股东对××公司被注销登记是不知情的，且被告认为原告并非被诉决定行政行为的相对人，不符合《中华人民共和国行政诉讼法》第二十五条规定的具有原告资格的情形。综上，原告诉请并无事实根据及法律依据，不应采纳。被告区市监局作出的被诉决定并无不当，原告并不具备起诉资格，故请求法院依法驳回原告诉讼请求。

被告市市监局辩称，市市监局作出的被诉复议决定主体适格、程序合法、认定事实清楚、符合法律规定，因此请求区法院驳回原告诉讼请求。

本院经审理查明，2005年8月24日，××公司成立，法定代表人为叶×，股东为叶×及汤×。2021年6月23日，市监局核准清算组对××公司备案登记，并于2021年6月26日核准××公司注销登记。2020年11月3日，案外人汤×向区市监局反映××公司清算组备案登记及注销登记系在股东不知情且伪造其签字的情况下取得的，要求区市监局撤销注销登记。经调查，区市监局于2020年12月11日作出撤销公司清算组备案及注销登记决定，并向××公司及其全体股东送达了被诉决定。2021年3月1日，区法院收到案外人汤×及叶×提供的被诉决定并向原告××公司进行证据交换，××公司于2021年3月3日收到被诉决定，并于2021年4月28日向市市监局对被诉决定申请复议，市市监局于2021年8月7日作出被诉复议决定，原告对被诉决定及被诉复议决定并不服，向本院提起行政诉讼。

另查明，××公司为××公司的债权人，两者间的债权债务关系有生效的（2014）奉民二（商）初字第2750号民事判决书及（2015）沪一中四（商）终字第330号民事判决书予以认定。因上述生效裁判文书履行不力，××公司向区法院申请追加叶×及汤×为被执行人，区法院作出（2020）沪0120执异149号执行裁定书予以准许。后叶×、汤×对（2020）沪0120执异149号执行裁定书提出复议申请，一中院进行审查后作出（2020）沪01执复232号执行裁定书，将案件原执行裁定撤销并发回区法院重新审理。区法院经重新审理后作出（2021）沪0120执异98号执行裁定书，驳回了××公司要求追加汤×、叶×为被执行人的申请，××公司对此执行裁定进行复议，一中院经审理作出（2021）沪01执复123号执行裁定书，最终驳回了××公司的复议申请。

上述事实由原告起诉时、两被告答辩时所提供的证据及本院调取的相关案件材料（以下均为复印件），即（2014）奉民二（商）初字第2750号民事判决书、（2015）沪一中四（商）终字第330号民事判决书、（2020）沪0120执异149号执行裁定书、（2020）沪01执复232号执行裁定书、（2021）沪0120执异98号执行裁定书、（2021）沪01执复123号执行裁定书及区法院向××公司邮寄交换被诉决定送达回证予以证明。

本院认为，根据《中华人民共和国行政诉讼法》第二十五条第一款的规定，行政行为的相对人以及其他与行政行为有利害关系的公民、法人或者其他组织，有权提起诉讼，即适合的原告是提起启动行政诉讼程序的必要前提。《最高人民法院关于适用〈中华人民共和国行政诉讼法〉的解释》第十三条规定，债权人以行政机关对债务人所作的行政行为损害债权实现为由提起行政诉讼的，人民法院应当告知其就民事争议提起民事诉讼，但行政机关作出行政行为时依法应予保护或者应予考虑的除外。本案中，根据××公司提供的证据，其与案外人××公司之间的债权债务关系已由生效的（2014）奉民二（商）初字第2750号民事判决书予以确认；原告现提出本案诉讼目的在于实现上述生效民事判决书所确定的权利。但××公司撤销注销登记后现处于工商登记的“存续（在营、开业、在册）”状态下，××公司的债权权益仍可向××公司直接主张，因此××公司与本案被告奉贤区市监局作出的被诉决定不具有行政诉讼之内的利害关系。至于原告在民事执行中是否追加案外人汤×、叶×为被执行人，可由原告依法主张，与本案并无关联性。综上所述，××公司不具有原告主体资格，其起诉不具备法定起诉条件。据此，根据《中华人民共和国行政诉讼法》第二十五条第一款、第四十九条第（一）项，《最高人民法院关于适用〈中华人民共和国行政诉讼法〉的解释》第十三条、第六十九条第一款第（一）项之规定，裁定如下：

驳回原告江苏××公司的起诉。

案件受理费人民币50元，退还原告江苏××公司。

如不服本裁定，原告、被告可在裁定书送达之日起十日内，向本院（立案庭）递交上诉状，并按对方当事人的人数提出副本，上诉于一中院。

审判长　卫××
审判员　徐××
审判员　钟　×
二〇二一年十一月三十日
书记员　徐××

习作训练（引入案例参考答案）

北京市昌平区人民法院
行政裁定书

（2021）京0114行初×××号

原告齐×，女，汉族，1988年2月24日出生，住北京市昌平区××××。

被告北京市公安局交通管理局昌平交通支队。

法定代表人王×，北京市公安局交通管理局昌平交通支队队长。

2021年7月29日，本院收到齐×诉北京市公安局交通管理局昌平交通支队（以下简称“昌平交通支队”）交通事故认定复核一案起诉状，原告齐×向本院提出诉讼请求：请求法院撤销昌平交通支队作出的京公交（昌）复字结论［2021］第090号《道路交通事故复核结论》。齐×对昌平交通支队沙河大队作出的交通事故认定书不服，向昌平交通支队提起复核。2021年7月12日，昌平交通支队作出复核结论，维持原道路交通事故认定，齐×认为被诉复核结论对其权利义务产生了影响，与事故双方当事人有直接的法律利害关系，给其带来了不利的法律后果，该复核行为具有具体行政行为特征，应该受人民法院的审查、监督，切实保护当事人合法权益，属于行政案件受理条件。昌平交通支队作出的被诉复核结论认定事实不清、适用法律错误且程序违法，故提起本诉。

本院经审查认为，根据《中华人民共和国行政诉讼法》第四十九条第（四）项规定："提起诉讼应当符合下列条件：（四）属于人民法院受案范围和受诉人民法院管辖。"《中华人民共和国道路交通安全法》第七十三条规定："公安机关交通管理部门应当根据交通事故现场勘验、检查、调查情况和有关的检验、鉴定结论，及时制作交通事故认定书，作为处理交通事故的证据。"因此，交通事故认定书属于处理交通事故的证据，其并未对当事人设定权利义务关系，不属于可诉的行政行为。而上一级公安机关交通管理部门受理当事人的复核申请，对道路交通事故进行复核，是对事故责任再次认定。因交通事故认定书的性质已定性为证据，故交通事故认定复核结论亦属于对证据的一种复核及再形成，其依然是一种证据行为，亦未对当事人设定新的权利义务，不属于人民法院行政诉讼的受案范围，本案中，齐×起诉撤销公安机关交通管理部门作出的《道路交通事故复核结论》，不属于人民法院行政诉讼的受案范围。依照《中华人民共和国行政诉讼法》第四十九条第（四）项、第五十一条第二款之规定，裁定如下：

对齐×的起诉，本院不予立案。

如不服本裁定，可在裁定书送达之日起十日内，向本院递交上诉状，上诉于北京市第一中级人民法院。

审判长　张××

人民陪审员　王××

人民陪审员　李××

二〇二一年××月××日

书记员　段××

项目三
刑事法律文书

项目3.1　刑事辩护词

学习任务

制作一份刑事辩护词。

知识和能力目标

通过学习刑事辩护词的概念、格式、例文等内容，学生能够具备法律职业工作者的核心业务能力；通过项目驱动，学生不仅能够学会撰写刑事辩护词，而且能够通过撰写刑事辩护词理解无罪辩护、罪轻辩护以及量刑辩护的不同辩护重点。在法庭上听懂辩护重点应是书记员的基本业务能力。

案例引入

2018年×年×日，李×与胡×共同对两个行人进行抢劫，在抢劫过程中，胡×用一石块向其中一行人砸去，导致受害人死亡。根据调查还知，李×是未成年人，犯罪后投案自首，并提供了抓捕胡×的线索，根据该线索，公安机关将胡×成功抓获。请依据上述事实，为李×拟写一份辩护词。

基础知识

一、概念

辩护词是指刑事案件的被告人或辩护人，为了维护被告人的合法权益，在法庭辩论阶段，依据事实和法律所做的证明被告人无罪、罪轻或者应当减轻、免除其刑事责任的系统发言。以口头形式当庭发表的一般称为辩护意见，以书面形式准备并提交的称为辩护词。

二、格式

辩护词

审判长、人民陪审员：

前言

（主要写明三项内容：一是申明辩护人的合法地位；二是辩护人在出庭前进行了哪些工作；三是辩护人对全案的基本看法）

辩护理由

（这一部分是辩护词的核心内容，是辩护人为维护被告人的合法权益所要阐明的主旨，应该从被告人的行为事实出发，对照相关的法律规定，论证被告人无罪、罪轻或应该予以减轻甚至免除其刑事责任的意见和依据。因此，这一部分的书写主要是围绕被告人是否构成犯罪、属于何种罪名、有无从轻定罪的法定情节，以及诉讼程序是否合法等问题展开论述和辩论）

结束语

（这一部分是对辩护词的归纳和小结。一般讲两个内容：一是辩护词的中心观点，二是向法院提出对被告人的处理意见和建议）

三、内容和制作方法

辩护词大多数是一种口头发言，因而没有固定的文书格式。但是，从司法实践的具体情况来看，绝大多数辩护词都有一个较为通用的发言结构，即包括前言、辩护理由和结束语。

1. 首部

首部包括标题、提示语和前言三项内容。

（1）标题。应当居中写明“辩护词”。

（2）提示语。应当写为：“审判长、人民陪审员：”，或者“审判长、审判员：”。

（3）前言。辩护词的前言部分应当主要写明以下内容：

第一，写明辩护人当庭辩护的法律依据。

第二，说明辩护人在开庭前的准备情况。

第三，陈述辩护人对案件的基本看法。

2. 正文

（1）无罪辩护。无罪辩护是指辩护律师运用事实、法律和证据，证明控诉方对被告人的指控全部不能成立，说服审判人员接受辩护人认为被告人无罪观点的一种诉讼行为。辩护律师为被告人作无罪辩护，主要采取下面两种方法：

一种方法是以论述事实为主。这种辩护方式主要适用于被告人实际上没有参与犯罪，却被错认为犯罪人的案件。针对这类案件，辩护律师应当通过调查，运用证据，弄清案件事实，在辩护词中充分说明案件的事实和证据，为被告人作无罪辩护。

另一种方法是论述事实与引用法律并重。这种辩护方法主要适用于被告人实施了一定的行为，但在认定事实和适用法律上，辩护人与侦查机关、检察机关有不同的认识，而被告人的行为实际上又不构成犯罪的案件。例如，正当防卫、紧急避险。针对这类案件，律师制作辩护词时，首先应当注意运用调查中获得的证据，阐明案件事实；然后，引用我国相关的法律规定，论证被告人的行为是合法的。循序渐进，由表及里，由浅入深，由此及彼地论证被告人无罪。

（2）罪轻、减轻或者免除刑事责任的辩护。

根据有关法律规定和司法实践，律师通常在辩护词中从以下几个方面提出辩护意见：

第一，从认定犯罪事实方面进行辩护。常见的有两种情况：

一种情况是事实存在，认识不同。

另一种情况是夸大其词，歪曲事实。

第二，从适用法律方面进行辩护。具体也分为两种情况：

一种情况是定罪有误，罪名不当。

另一种情况是从轻量刑，阐明道理。

第三，从程序方面进行辩护。

第四，从人情事理方面进行撰护。

3. 尾部

尾部包括结论，致送人民法院名称，辩护人的签署（应当写明辩护律师的姓名、职务和所在律师事务所的名称），以及年月日。

上述各项中，律师应注意结论部分的撰写。

四、应当注意的问题

（1）要善于阐述辩护理由。由于每个案件的案情不同，辩护词中的辩护理由有很多写法，常见的有以下几种：

一是欲进先退，后发制人。

二是针锋相对，据理驳辩。

三是借题发挥，宣传法治。

总之，辩护律师在制作辩护词时，随着案情的变化，应当采用多种辩护方式，根据事实和法律，提出有利于被告人的辩护意见，从而达到依法维护委托人合法权益的目的。

（2）要正确对待“无词辩护”。所谓无词辩护，是指被告人的行为已构成犯罪，侦查机关、检察机关认定事实清楚，适用法律正确，指控的罪名恰当，而且被告人又不具备各种法定、酌定的从轻、减轻、免除刑事处罚的情节和条件，这就使律师在制作辩护词时难以入手。

例文示范

辩护词

尊敬的审判长、审判员：

我受北京×××律师事务所指派，接受被告人冯×亲属的委托，并征得被告人冯×的同意，担任其案件审理的辩护人。我通过查阅本案的卷宗，会见被告人，参加法庭调查，现就本案发表如下辩护意见：

一、被告冯×在本案中是从犯，依法应当从轻、减轻处罚。

2008年12月1日，最高人民法院印发了《全国部分法院审理毒品犯罪案件工作座谈会纪要》。该文要求“各地法院在刑事审判工作中参照执行”，其中在毒品案件的共同犯罪问题中提出“要正确区分主犯和从犯。区分主犯和从犯，应当以各共同犯罪人在毒品共同犯罪中的地位和作用为根据。要从犯意提起、具体行为分工、出资和实际分得毒赃多少以及共犯之间相互关系等方面，比较各个共同犯罪人在共同犯罪中的地位和作用。在毒品共同犯罪中，为主出资者、毒品所有者或者起意、策划、纠集、组织、雇佣指使他人参与犯罪以及其他起主要作用的是主犯；起次要或者辅助作用的是从犯”。就本案而言：

1. 起意贩毒人不是被告人冯×。

在冯×于2017年6月10日第一次的询问笔录中作出如下供述：“我自2017年初开始吸食毒品，在2017年3月份我通过朋友认识了河北省张家口市的陈×。当时我知道陈×也吸毒品，我们认识后不久，就同陈×建立了恋爱关系。后来每次陈×到四川来，就到我租的房子住。我还和陈×去过张家口两次。我们在一起后，我也就知道陈×贩卖毒品了。陈×跟我说，你认识有卖货（指毒品）的吗？给联系一下买点货我带回河北。”被告人陈×在2017年6月10日第一次询问笔录中作出了如下供述：“我从2016年9月份开始学习贩卖毒品”，“后来我在2017年初认识了一个叫冯×的女的，她知道我贩卖毒品，她平时也吸毒，后来她就帮我联系卖家”。在法庭调查阶段，辩护人本人也问到了被告人陈×和被告人冯×，二人也作出了是由陈×提出让冯×为其购买毒品的供述。从中可以看出起意贩毒的是被告陈×。

2. 贩卖毒品的资金全部是由被告人陈×提供的，被告人冯×不是毒品所有者也没有从中获利。

被告人冯×在2017年7月4日第三次询问笔录中作出了如下供述："我从中没挣过钱，我只是帮陈×联系冰毒来源。"被告人陈×在2017年6月10日第一次询问和2017年6月17日第二次笔录中也作出了贩卖毒品的资金都是由陈×提供的供述。在法庭调查阶段，辩护人本人也向陈×和冯×提出上述问题，二人的回答也是购买的毒资是由陈×提供的，冯×未从贩卖中获利。

综上，被告人冯×不是犯意的提起者，也没有出资贩卖毒品，也不是毒品的所有者，更没有从贩卖毒品中获得任何收益。根据本案已经查明的相关事实和证据，依照我国刑法关于共同犯罪的有关规定以及上述文件关于毒品共同犯罪案件中关于主、从犯认定的精神。被告人冯×应被认定为从犯，并依法从轻或减轻处罚。

二、被告人冯×归案后主动交代犯罪事实，并配合司法部门侦查、审查起诉、审判本案，有明显的悔罪表现。

从侦查案卷中可以看出，被告冯×在公安机关的讯问中全部交代了犯罪事实，积极配合公安机关的侦查、公诉机关的审查起诉和今天法院的审判活动，并对自己的犯罪行为表现出了极大的悔恨，有明显的悔罪表现，已经充分认识到自己的错误，也希望法庭从轻或者减轻处罚，给予其一个悔过自新的机会，以报效社会。

三、被告人冯×无前科，本次犯罪前一贯表现良好。希望法庭在量刑时予以考虑。

综上，根据罪刑法定原则和最高人民法院《人民法院量刑指导意见（试行）》中的量刑指导，请求法庭考虑辩护人的上述辩护意见，给予被告人冯×从轻或者减轻处罚。

辩护人陶××

二〇一八年二月二十八日

习作训练（引入案例参考答案）

辩护词

尊敬的审判长、人民陪审员：

根据《中华人民共和国刑事诉讼法》的规定，××律师事务所接受被告人李×的委托，指派我担任被告人李×的辩护人。在出庭前，本辩护人会见了被告人，阅读了案卷材料，进行了必要的走访，刚才又参加了法庭调查，并认真听取了公诉人发表的公诉意见，现发表辩护意见如下：

（这一段话是说明辩护人出庭辩护的法律依据和在开庭前的准备工作情况）

1. 李×不构成故意杀人罪，只构成抢劫罪。

根据《中华人民共和国刑法》的有关规定，抢劫罪是以非法占有为目的，使用暴力、胁迫或者其他方法，当场抢走公私财物的行为。故意杀人罪，是指非法故意剥夺他人生命的行为。本案中，当胡×、李×二被告人看到前面有一个人肩挑两个大旅行包赶路时，胡×提议说：“这个人是做生意的，我们把他的东西搞来。”李×说：“怎么干？”胡×说：“你跟我来。”从二人的对话中可以看出，胡×、李×二被告人有共同抢劫的故意。两个人赶上行路人，胡×就地捡起石头打击行路人头部，致其昏倒。李×急忙挑起受害人的东西离开现场。李×离去后，胡×又用石头多次猛砸受害人头部，使其当场死亡。上述事实说明，李×存在抢劫的故意，并且实施了抢劫行为。但是，李×不具有杀人的故意，胡×杀人是在李×挑东西离开现场后，事前并未与李×商量。由此可见，李×只构成抢劫罪，不构成故意杀人罪。

2. 在抢劫罪中，李×是从犯。

胡×、李×二人共同故意实施了抢劫行为，李×构成了抢劫罪，但是李×属于从犯。因为从上述事实可以看出，胡×是抢劫的提议者。在实施犯罪的过程中，是胡×用石头将行路人打昏，而李×只是挑起东西逃离现场。根据《中华人民共和国刑法》第二十七条的规定，在共同犯罪中起次要或者辅助作用的，是从犯。对于从犯，应当从轻、减轻或者免除处罚。李×在共同抢劫中一直处于次要地位，起辅助作用。因此，属于从犯。

3. 李×属于未成年人犯罪。

《中华人民共和国刑法》规定，对已满14周岁不满18周岁的人犯罪，应当从轻或者减轻处罚。李×，1973年8月出生，到1990年10月实施抢劫行为时，未满18岁，属于未成年人。对于未成年人犯罪的，应当从轻或者减轻处罚，因此，对李×应当从轻处罚。

4. 李×作案后投案自首，具有立功表现。

李×作案回家后十分惧怕，当晚把作案经过告知其父，其父于次日晨将李×送往公安机关。李×在公安机关如实交代了罪行，并揭发检举了胡×的罪行。公安机关根据李×提供的线索，将胡×捕获归案。由此可见，李×作案后投案自首，并有立功表现，可以从轻、减轻或者免除处罚。因此，对李×应当从轻、减轻或者免除处罚。

综上所述，辩护人认为，被告人李×只构成抢劫罪，不构成故意杀人罪。他在抢劫过程中属于未成年人犯罪，处于从犯地位，而且犯罪后主动投案自首，揭发、检举其他同案犯，有立功表现，建议法庭对被告人李×从轻、减轻或者免除处罚。

辩护人×××

××××年××月××日

项目3.2　第一审刑事判决书

学习任务

制作一份第一审刑事判决书。

知识和能力目标

通过学习第一审刑事判决书的概念、格式、例文等内容，学生能够熟练掌握法院书记员工作的核心业务能力；培养学生独立撰写一审刑事判决书的能力，并具备对已有的一审刑事判决书进行校对的能力。

案例引入

根据如下案例制作一份第一审刑事判决书。

被告人郑×，男，1976年7月9日出生，住山东省泰安市宁阳县，暂住北京市朝阳区。

2021年3月7日，因造成交通事故后逃逸被北京市公安局公安交通管理局朝阳交通支队行政拘留十五日，并处罚款一千八百元。

北京市通州区人民检察院以京通检刑诉（2021）931号起诉书指控被告人郑×犯危险驾驶罪，于2021年7月29日向北京市通州区人民法院提起公诉并指控：2021年7月13日22时许，被告人郑×酒后驾驶黑色“奥迪”牌小型普通客车（车牌号：京H×××××）行驶至北京市通州区武夷花园小区附近，后经他人报警被查获；经抽血检测，被告人郑×体内酒精含量为201.3mg/100mL。同时认为被告人郑×具有到案后如实供述、自愿认罪认罚、血液酒精含量达到200mg/100mL以上、行驶距离较短等情节，建议判处被告人郑×拘役三个月，并处罚金人民币两千元。

被告人郑×对指控事实、罪名及量刑建议没有异议。

该法院认为，北京市通州区人民检察院指控被告人郑×犯危险驾驶罪罪名成立，法院依照《中华人民共和国刑法》第一百三十三条第二款、第六十七条第三款、第六十一条、第四十二条、第四十四条、第五十二条、第五十三条，及《中华人民共和国刑事诉讼法》第十五条之规定，判决被告人郑×犯危险驾驶罪，判处拘役三个月，并处罚金人民币两千元（刑期从判决执行之日起计算，判决执行以前先行羁押的，羁押一日折抵刑期一日）。

判决书编号：2021年第0112号；作出判决时间：2021年8月5日。

基础知识

一、概念

第一审刑事判决书指第一审人民法院依照刑事诉讼法的规定，按法定程序审理后，对审理终结的刑事案件，根据已经查明的事实、证据和有关法律的规定，对于被告人有罪或者无罪、构成何种罪，判处什么刑罚或者免除处罚，或者宣告无罪等实体问题作出处理决定时所使用的文书。

根据《中华人民共和国刑事诉讼法》第二百条的规定："在被告人最后陈述后，审判长宣布休庭，合议庭进行评议，根据已经查明的事实、证据和有关的法律规定，分别作出以下判决：（一）案件事实清楚，证据确凿、充分，依据法律认定被告人有罪的，应当作出有罪判决；（二）依据法律认定被告人无罪的，应当作出无罪判决；（三）证据不足，不能认定被告人有罪的，应当作出证据不足、指控的犯罪不能成立的无罪判决"，"判决书应当由合议庭组成人员和书记员署名，并且写明上诉的期限和上诉法院。"

第一审刑事判决书是国家审判机关适用第一审刑事诉讼程序审理刑事案件的结果。第一审刑事判决书发生法律效力后，可以作为对被告人执行刑罚的法律根据。第一审刑事判决书也是当事人或其法定代理人、辩护人在法定期限内上诉或同级人民检察院在法定期限内抗诉的法律根据；同时为可能适用的第二审刑事诉讼程序打下基础。第一审刑事判决书具体有五种：适用普通程序的第一审公诉案件刑事判决书，适用单位犯罪的第一审刑事判决书，适用简易程序的第一审公诉案件刑事判决书，适用普通的第一审刑事附带民事判决书，第一审自诉案件刑事判决书。这里主要介绍适用普通程序的第一审公诉案件刑事判决书。

二、格式

×××人民法院

刑事判决书

（年度）××刑初字××号

公诉机关××××人民检察院

被告人……

辩护人……

××××人民检察院以×检×诉（××）××号起诉书指控被告人×××犯××罪，

于××××年××月××日，向本院提起公诉。本院依法组成合议庭，公开（或不公开）开庭审理了本案。××××人民检察院指派检察员×××出庭支持公诉，被害人×××及其法定代理人×××、诉讼代理人×××，被告人×××及其法定代理人×××、辩护人×××、证人×××、鉴定人×××等到庭参加诉讼。现已审理终结。

××××人民检察院指控……

被告人×××辩称……

经审理查明，……

本院认为，……依照……的规定，判决如下：

……

如不服本判决，可在接到判决书的第二日起十日内，通过本院或者直接向××××人民法院提出上诉。书面上诉的，应当提交上诉状正本一份、副本×份。

审判长　×××

审判员　×××

审判员　×××

××××年××月××日

书记员　×××

三、内容和制作方法

第一审刑事判决书在制作方法上要开宗明义，彰显主题；布局合理，层次清晰，具有逻辑性。第一审刑事判决书是对刑事案件的处理决定，具有法律上的约束力，是结论性文书。其结构布局及语言运用上要求简单明确。文书内容强调严谨缜密，准确无误，不能有遗漏和模糊的地方，更不能牵强附会；内容既要真实，又要充实。由于我国人民法院的各类判决书除了涉及国家机密、个人隐私和商业秘密，都要在网上公布，所以该文书要求必须使查阅的人尽量通俗易懂，充分理解第一审刑事判决书的作用。

第一审刑事判决书由首部、正文、尾部三部分组成。

1. 首部

首部依次写明下列内容：

（1）标题。

分两行居正中写法院名称和文书名称。其中法院的名称，一般应与院印的文字一致，但是基层法院应冠以省、自治区或直辖市的名称。涉外案件时，各级法院均应冠以我国国名。文书名称无须标明审判程序和起诉主体的性质。

（2）案号。

案号的基本要素为收案年度、法院代字、类型代字、案件编号。收案年度是收案的公历自然年，用阿拉伯数字表示。法院代字是案件承办法院的简化标识，用中文汉字、阿拉伯数字表示。类型代字是案件类型的简称，用中文汉字表示。案件编号是收案的次序号，用阿拉伯数字表示。案号各基本要素的编排规格为：“（+收案年度+）+法院代字+类型代字+案件编号+号”。每个案件编定的案号均应具有唯一性。第一审刑事判决书的编号即为“（年度）×刑初字×号”。

（3）公诉机关的写法。

写明提起公诉的检察机关的完整名称。按照《中华人民共和国检察院组织法》第二十条和《中华人民共和国刑事诉讼法》第一百六十九条的规定，代表国家提起公诉的是人民检察院，而不是检察院院内的某一个检察官，所以必须写“公诉机关”而不应写“公诉人”。公诉机关的名称另起一行，写在案号的下方。

（4）被告人的基本情况。

被告人的基本情况应尽可能详细。内容上依次列明如下项目：姓名（括号注明与案情有关的别名、化名），性别，出生年月日，民族，出生地，文化程度，职业或工作单位和职务，住址，以及因本案所受强制措施情况，现羁押何处。注意被告人的姓名一定要写清楚，一般只写一个名字，与案情无关的名字不要写上。未成年人的出生年月日一定要准确无误，涉及是否适用死刑，是否应当从轻处罚的情况。

被告人曾经受过刑事处罚、行政处罚，或者又在限制人身自由期间违反取保候审、监视居住等规定，或者有其他从重处罚的情节，应写明其发生的事由和时间。被拘留、逮捕的，应写明被拘留、逮捕的年月日，不能只写被逮捕的日期，保证准确折抵刑期。同案被告人有二人以上的，按主犯、从犯的顺序列项书写。被告人是外国人的，还应在其中文译名后用括号写明其外文姓名、护照号码、国籍。

被告人是未成年人的，应当在写明被告人基本情况之后，另行续写法定代理人的姓名、与被告人的关系、工作单位和职务及住址。上述各项之间可用逗号隔开，如果某项内容较多，可视行文需要，另行采用分号、句号等。

（5）辩护人的基本情况。

该项因担任辩护人的情况不同而写法有别。辩护人是律师的，写明姓名、工作单位和职务，例“辩护人×××，系××律师事务所律师”；辩护人是由被告人所在单位或者人民团体推荐的，或者是经人民法院许可的公民，应写明其姓名、工作单位和职务；是被告人的亲友、监护人的，除应写明其姓名和职务外，还应写明与被告人的关系。如果是指定辩护，辩护人是人民法院指定的，写为指定辩护人。同案被告两人以上各有辩护人的，分别列在各被告人下一行，不要混写在一起。

2. 正文

（1）案件的来源、审理组织、审判方式和法庭审判经过。

为了体现审判程序的合法性，其主要内容包括：案件来源即起诉的时间，组成合议庭审判还是独任审判，公开或不公开审理，到庭参加诉讼的情况。

如果是公诉案件，要写明起诉日期，即人民法院签收起诉书等材料的日期，这关系到审理期限的计算。

出庭参加诉讼的人员，除了要写公诉人，还要写被告人及其辩护人出庭情况。其意味着承认了辩护人在法庭上应有的地位，是诉讼参与人的诉讼权利依法得到保障的反映。

公诉案件中如果对象明显、受害严重的被害人，与案件的利害关系密切，又是最了解案情的证人，开庭时应当依法通知到庭，写入出庭人员。

对于依据《中华人民共和国刑事诉讼法》第二百条第（三）项规定作出无罪判决，人民检察院又起诉的，原判决书并不予撤销，但应在案件审判经过段“××××人民检察院以×检×诉××号起诉书”一句前，增写：“被告人×××曾于××××年××月××日被人民检察院以××××罪向××××人民法院提起公诉。因证据不足，指控的犯罪不能成立，被××××人民法院依法判决宣告无罪。”

（2）事实。

事实部分是判决书的基础部分，是判决理由和结果的根据。其包括两大层次内容。首先要概述检察院起诉书指控的基本内容，写明被告人的供述、辩解和辩护人辩护的要点。其内容旨在加强刑事判决的透明度，突出争讼的焦点，有利于法院在认定事实和列举证据及阐述判决理由的时候具有针对性，有利于在下文对控辩双方的意见表态。但是在归纳双方意见时，应尽量概括，避免文字冗长，以免与后文有明显重复。其次，详述法院认定的事实、情节和证据。这部分内容需要将经过法庭查证属实的事实和证据，详细写明。它是有罪、无罪和定性判刑的主要根据，叙述时一定要实事求是，对控辩双方有异议的事实、情节、证据，应当作重点分析论定。具体应做到如下几点：

第一，控辩双方意见。首先要写清检察机关认定案件发生的时间、地点、动机、目的、手段、行为过程、危害结果、被告人事后的态度以及涉及的人和事等要素，并以是否具有犯罪构成要件为重点，兼叙影响量刑轻重的各种情节。然后概括叙述被告人的供述和辩解，以及辩护人发表的对事实认定的意见。这样可以体现控辩审理方式的特点和裁判方式的公开性、全面性、客观性。

第二，法院确定的犯罪事实。写入文书的事实必须经过查证核实。叙述事实要层次清楚，重点突出。一般按时间先后顺序进行，着重写清主要情节；一人犯数罪时，主罪详写，没有因果关系的数罪，应按罪行主次的顺序进行叙述，一般共同犯罪的案件，应以主犯为主线进行叙述；集团犯罪案件，说明犯罪集团的构成和共同的犯罪行为，再按主犯、从犯或者罪重、罪轻的顺序分别叙述各个被告人的罪行。叙述犯罪事实要真实、全面，但也是有选择性的，如涉及国家机密及侦查技术手段的内容不能写入文书；有关隐私案件的具体情节和检举人的姓名不能写入文书；要概括地说明不当言论的主要内容和性质，不要重述原话；没有证据或虽属违法行为但不构成犯罪的事实不能写入文书。

第三，列举证据。用作认定事实的证据必须真实可靠。证据与被证事实之间有必然的、有机的联系；证据与证据之间要能够相互印证，环环相扣，形成一个严密的证明体系；列举证据要具体，不能抽象笼统，流于形式。不仅要列举证据，而且要通过对主要证据的分析论证来说明本判决认定的事实是正确无误的。与定罪量刑有密切关系的重要情节应详写。依法公开审理的案件，案件事实未经法庭公开调查的，不能认定。有关认定事实的证据，依法公开审理的案件，除无须举证、质证的事实外，证明案件事实的证据必须经法庭公开举证、质证，才能认证；未经法庭公开举证、质证的，不能认证。特别要注意通过对证据的具体分析、认证来证明判决所确认的犯罪事实。法院认证和采信证据的过程应当在判决书中体现出来。证据要写得具体明确。案情简单或者控辩双方没有异议的，可以集中表述；案情复杂或者控辩双方有异议的，应当进行分析论证；一人犯数罪或者共同犯罪案件，还可以分项或者逐人逐罪叙述证据或者对证据进行分析、认证。提交证据时，应当注意保守国家秘密，保护报案人、控告人的名誉。

（3）理由。

理由是将犯罪事实和判决结果有机地联系在一起的纽带，是依法对前面事实的分析论证，这一部分所提出的每一个理由都必须在前面的事实部分找到根据。其主要包括犯罪性质的认定、罪责的确定、犯罪的社会危害性的说明、法律条款的引用等内容，为下文的判决结果奠定基础。具体表述依次如下：

第一，确定犯罪的罪名。在确定罪名时，应以刑法和《最高人民法院关于执行〈中华人民共和国刑法〉确定罪名的规定》为依据，按分则各条规定的罪状特征，以被侵犯的直接客体（不是同类客体）为基础，使罪名准确合法。除法律有专门规定外，否则不能根据犯罪情节来确定罪名，因为情节只影响量刑，不影响犯罪性质。对教唆犯罪的，应按他所教唆的罪确定罪名，如“教唆抢劫罪”“教唆诈骗罪”等，不能笼统地定为“教唆罪”；对于刑法分则中某些条文中的排列式罪名，就单独确定罪名，例如《中华人民共和国刑法》第二百六十四条至二百六十七条规定的盗窃、诈骗、抢夺罪等；刑法分则有些条文还规定了行为选择和对象选择性罪名，由于犯罪行为或对象的性质相同，故只要实施了其中一种犯罪行为，或者侵害了一种特定对象，就可以构成犯罪，并应根据实施的具体行为或侵害的具体对象，相应确定具体罪名。一人犯数罪时，一般先定重罪，后定轻罪；一般共同犯罪和集团犯罪案件，应依次确定首要分子、主犯、从犯的罪名，做到理由和事实的密切联系。法院认定的罪名与公安机关、检察机关不一致的，应说明理由。

第二，确定量刑情节。针对犯罪的事实、性质、情节，根据法律规定和犯罪构成理论，论述公诉机关的指控是否成立，分析被告人的行为是否构成犯罪，触犯了什么罪名；分析被告人所具备的量刑情节，如被告人具有从重、加重或从轻、减轻、免除处罚等情节的一种或数种的，应当分别予以肯定或者综合论定，以明确对被告人的处理原则。该部分还要针对事实中控辩双方关于适用法律方面的意见，有分析地表示是否予以采纳，即对于检察院指控的罪名，正确的应当表示肯定，不构成犯罪或者罪名不当的，应有理有据地分析评定；对于辩护、辩解的主要理由，应当表明予以采纳或据理反驳，使控、辩、判三方意见密切联系，力避脱节现象。要有罪名的认定，有对控辩双方意见的分析论证，有量刑情节的阐述，有对主、从犯罪责的区别层次清楚，论析透辟，事理结合，要有说服力。

第三，写明判决的法律根据，引述法律条文。在定性量刑之后便要引用相应的法律依据，以充分体现“以事实为根据，以法律为准绳”的办案原则。在引述法律条文时一定要坚持准确、完整、具体、针对性和有序的原则。引用的法律法条与判决结果相吻合。引用法律条文越准确，判决书质量越高。要避免部分引错甚至完全引错的情况出现。要把据以定性量刑的法律规定全部列举出来，不能出现缺项漏项等不严密的情况。例如，数罪并罚案件除对每个罪定罪处刑的法律依据都要引用外，还要引用刑法总则的法律条文，作为判决的法律依据。对刑法分则中有些定罪量刑条款不是同一条款的，既要引用定罪条款，又要引用量刑条款。对既判处主刑又判处附加刑的，除了引用主刑条款，还要引用刑法总则关于附加刑的法律条文。有的不仅要引用实体法，还要引用程序法。要做到所引用的法律条文外延最小，内容明确，绝不空泛笼统。例如，刑法分则条文中凡条下分款、分项的一定要写明第几条第几款第几项，只分项不分款的则写明第几条第几项。这样才能使刑与法一一对应。所引法律条文排列有序，有条理性。一般规范为：先主刑后附加刑；先分则后总则；先程序法后实体法；先定罪量刑后引从重、加重、从轻、减轻和免除处罚条文。

（4）判决结果。

判决结果是人民法院根据已经查明的犯罪事实和法律的有关规定，对被告人作出的有罪或无罪，适用何种刑罚或者免除处罚的处理决定。判决结果既有主刑又有附加刑内容的，应当先引用适用主刑的条文，后引用适用附加刑的条文；适用以他罪论处的条文时，先引用本条条文，再按本条之规定，引用相应的他罪条文；一人犯数罪时，应逐罪引用法律条文；一般共同犯罪的，可集中引用有关法律条文，必要时应逐人逐罪引用法律条文；集团犯罪案件，应结合分项判处，逐人逐罪引用法律条文。既有法律规定又有司法解释规定的，应当先引用法律规定，再引用相关司法解释。准确、完整、具体、有序和针对性是辩证统一的，有着不可分割的内在联系，是引述法律条文规范化的必备要素。判决书引用法律的名称，一律用全称，不能用简称。例如，引用刑事诉讼法，必须写《中华人民共和国刑事诉讼法》。

案件的判决结果有三种情况：

第一，定罪判刑的，表述为：

“一、被告人×××犯××罪，判处……（写明主刑、附加刑）

（刑期从判决执行之日起计算。判决执行以前先行羁押的，羁押一日折抵刑期一日，即自××××年××月××日起至××××年××月××日止）

二、被告人×××……（写明追缴、退赔或者发还被害人、没收财物的决定，以及这些财物的名称、种类和数额）”

第二，定罪免刑的，表述为：

“被告人×××犯××罪，免予刑事处分。（如有追缴、退赔或没收财物的，续写第二项）”

第三，宣告无罪的，表述为：“被告人×××无罪。”

由上可见判决结果有定罪判刑、定罪免刑和宣告无罪三种情况。制作时，要注意下列事项：

其一，适用的罪名要准确无误，和理由部分保持一致，不能漏写或前后矛盾。如“判处被告人李××有期徒刑二年”的写法既不符合规范用语要求，又缺少罪名，是错误的写法。罪名部分应依序写明被告人姓名、罪名、刑种、刑量。

其二，刑罚种类、量刑要清楚、明白、准确，表述要规范。有如下几种表述方式：

第一，有期徒刑的刑罚，应当写明刑种、刑量和主刑的折抵办法及刑期的起止时间。

判处结果适用缓刑的，应当写成“被告人×××犯××罪，判处有期徒刑（或拘役）×年（月），缓刑×年（月）”，而不能写成“被告人×××犯××罪，判处缓刑×年”，因为这样写不符合法律规定。

第二，适用死刑的，表述为：“被告人×××犯××罪，判处死刑，剥夺政治权利终身。”不能写为“判处死刑，立即执行”，因为这样不符合刑法规定，而且从程序上看，任何一个死刑判决，都要经过死刑复核程序，由负有核准死刑权的法院院长下达执行死刑命令后，才能执行。

对判处死刑缓期执行的，应依刑法规定，表述为：“被告人×××犯××罪，判处死刑，缓期二年执行，死刑缓期二年执行的期限，从高级人民法院核准之日起计算。”

如判处管制的，表述中“羁押一日折抵刑期一日”，变更为“羁押一日折抵刑期二日”，其余不变。

第三，数罪并罚的应当分别定罪量刑（包括主刑和附加刑），然后按照刑法总则第四章第四节的规定，决定最后执行的刑罚，不能随意量刑。例如：“被告人×××犯贪污罪，判处死刑，剥夺政治权利终身；犯抢夺罪，判处有期徒刑六年；决定执行死刑，剥夺政治权利终身。”

其三，对未成年人、精神病人和被告人死亡的三类特殊案件判决结果的表述。根据《最高人民法院关于适用〈中华人民共和国刑事诉讼法〉的解释》第二百九十五条第（六）（七）（十）项的规定，对被告人因未达到刑事责任年龄，不予刑事处罚的，应当判决宣告被告人不负刑事责任。被告人是精神病人，在不能辨认或者不能控制自己行为时造成危害结果，不予刑事处罚的，应当判决宣告被告人不负刑事责任；被告人符合强制医疗条件的，应当依照本解释第二十六章的规定进行审理并作出判决。对于被告人死亡的案件，应当裁定终止审理；但有证据证明被告人无罪，经缺席审理确认无罪的，应当判决宣告被告人无罪。

其四，对于因证据不足，适用《中华人民共和国刑事诉讼法》第二百条第（三）项宣告被告人无罪的，应将“××××人民检察院指控的犯罪不能成立”作为判决的理由，而不应该作为判决主文。判决主文上仍只写“被告人×××无罪”。

其五，追缴、退赔和没收的财物，应写明其名称、数额。如果财物多、种类复杂的，只在判决书上写明其种类和总数，另列清单作为判决书的附件。例如，“被告人李××受贿人民币50000元予以没收；收缴王×人民币30000元予以没收。”

其六，一个案件涉及数个被告人的，应以犯罪的主犯和从犯或者所判刑罚的重轻为先后顺序，逐项进行叙述。

3. 尾部

尾部包括上诉事项、署名、时间等内容。表述文字基本固定。

（1）交代上诉权、上诉期限、上诉法院。

《中华人民共和国刑事诉讼法》第二百二十七条第一款规定：“被告人、自诉人和他们的法定代理人，不服地方各级人民法院第一审的判决、裁定，有权用书状或者口头向上一级人民法院上诉。被告人的辩护人和近亲属，经被告人同意，可以提出上诉。”如果适用《中华人民共和国刑法》第六十三条第二款的规定在法定刑以下判处刑罚的，应当在交代上诉权之后另起一行写明：“本判决依法报请最高人民法院核准后生效”。《中华人民共和国刑事诉讼法》第二百三十条规定：“不服判决的上诉和抗诉的期限为十日。”不服上诉的期限是十天，从接到判决书的第二日起算。上诉法院是第一审人民法院的上一级人民法院。

（2）署名。

《中华人民共和国刑事诉讼法》第二百零三条规定：“判决书应当由审判人员和书记员署名，并且写明上诉的期限和上诉的法院。”所有参加审判案件的合议庭组成人员都应该署名。合议庭成员中有陪审员的，署名为“人民陪审员×××”；是助理审判员的，署名为“代理审判员×××”；助理审判员担任合议庭审判长的，与审判员担任合议庭审判长的一样，均署名为“审判长×××”；院长或庭长参加合议庭，应担任审判长，署名为“审判长×××”。

（3）日期。

写明当庭宣判的日期或者签发判决书的日期。判决书日期上面的年月日加盖法院院印，应骑年盖月端正地加在年月日中央。在时间下方由书记员署名。判决书正本制成后，书记员要将正本与原本进行核对，确认无异后，在日期左下方与书记员署名的左上方，加盖“本件与原本核对无异”的核对章。

例文示范

上海市杨浦区人民法院
刑事判决书

案号：（2020）沪0110刑初××××号

公诉机关上海市杨浦区人民检察院。

被告人刘××，男，1974年3月3日出生，汉族，住天津市。

辩护人袁××，上海××律师事务所律师。

上海市杨浦区人民检察院以沪杨检刑诉（2020）579号起诉书指控被告人刘××犯故意伤害罪，于2020年11月27日向本院提起公诉并建议适用简易程序，本院于同年12月17日决定转为普通程序审理。本院依法组成合议庭，公开开庭审理了本案。上海市杨浦区人民检察院指派检察员柴××出庭支持公诉，被害人陈×、被告人刘××及辩护人袁××到庭参加诉讼。现已审理终结。

上海市杨浦区人民检察院指控，2020年5月9日21时许，被告人刘××因婚姻、家庭等问题至本市杨浦区内江路×××弄×××号×××室内殴打被害人陈×，其间，刘××脚踢陈×胸腹部、背部等致陈×受伤。经鉴定，被害人陈×外伤所致多发肋骨骨折（7处）的损伤程度构成轻伤一级，其外伤所致体表多处软组织挫伤的损伤程度构成轻微伤，上述损伤综合评定为轻伤一级，其损伤符合钝性外力直接作用的形成特点。

2020年8月24日，被告人刘××经民警电话通知至公安机关接受调查，到案后未如实供述，在审查起诉阶段如实供述上述主要犯罪事实。

该院认为，被告人刘××故意伤害他人身体，致人轻伤，其行为触犯了《中华人民共和国刑法》第二百三十四条第一款，应当以故意伤害罪追究刑事责任。被告人刘××认罪认罚，依据《中华人民共和国刑事诉讼法》第十五条的规定，可以从宽处理。被告人刘××到案后如实供述自己的罪行，根据《中华人民共和国刑法》第六十七条第三款，可以从轻处罚。据此，建议判处被告人刘××有期徒刑一年四个月。

被害人陈×当庭对指控被告人刘××将其殴打致伤的事实无异议。

被告人刘××对指控事实无异议，自愿认罪认罚且同意公诉机关量刑建议。

辩护人对起诉书指控事实、罪名均无异议，辩称被告人刘某某系初犯、偶犯，如实供述犯罪事实，愿积极主动寻求被害人谅解，请求对刘某某尽可能从轻处罚并适用缓刑。

公诉人答辩，如要在量刑建议基础上进一步从宽处理及适用缓刑，被告人刘××必须积极认罪悔罪，且具有作出赔偿、得到被害人谅解等从宽情节。

经审理查明，被告人刘××与被害人陈×系夫妻，二人因婚后矛盾而分居多年，刘××数次提起离婚诉讼，但因判决不予支持离婚诉讼请求，其提出撤诉申请且未预缴诉讼费而被裁定按撤诉处理，二审法院判决发回重审，离婚未果。2020年5月9日21时许，被告人刘××至被害人陈×居住的本市杨浦区内江路×××弄×××号×××室，与陈×发生纠纷并殴打陈×，其间，刘某某脚踢陈×胸、腹等处，致陈受伤。经鉴定，被害人陈×外伤所致多发肋骨骨折（7处）的损伤程度构成轻伤一级，其外伤所致体表多处软组织挫伤的损伤程度构成轻微伤，上述损伤综合评定为轻伤一级，且符合钝性外力直接作用的形成特点。

2020年8月24日，被告人刘××经民警电话通知至上海市公安局杨浦分局定海路派出所接受调查，但未作如实供述。在检察机关审查起诉阶段，被告人刘××如实供述了主要涉案事实。

以上事实，有下列证据为证：

（1）被害人陈×的陈述，证明被告人刘××与陈×系夫妻，2020年5月9日21时许，已同其分居的刘××突然返回其位于本市杨浦区内江路×××弄×××号×××室的家中，对其实施殴打，刘××脚踢其胸、腹等处致其受伤，后来其向朋友发短信求救，朋友报警后，民警至现场处置等情况。

（2）证人郑×的证言、上海市公安局杨浦分局接受证据清单、短信截图，证明2020年5月9日22时23分许，郑×收到被害人陈×短信称“来我家救我”，其便报警并赶至陈×住处，当时房门锁着，其和民警敲门窗呼叫，但屋内没有反应，经民警联系锁匠开门，其进屋后发现陈×瑟瑟发抖哭着坐在沙发上，脸色苍白，双手捂着腹部等情况。

（3）证人陈××的证言，证明2020年5月9日23时许，其女儿陈×的同事郑×电话联系其去救陈×，其赶至本市杨浦区内江路××弄××号××室陈×住处时，民警已在现场，其让屋内的刘××开门，但门一直未开，民警叫来锁匠开锁后，其进屋看到陈×坐在沙发上浑身发抖，民警将刘××与陈×带至公安机关，后来其陪同陈×去医院验伤，结果为陈×肋骨骨折等情况。

（4）证人闫××的证言，证明2020年5月9日23时许，其接到郑×电话称陈×出事，遂赶往陈×住处，其在屋外公共走廊处与打开卫生间窗户的陈×交谈，看到陈×状态不是很好且声音虚弱，其在确认民警和陈×父亲均已在场后离开，以及当日10时许，其与陈×等人一起出去吃饭，15时30分许其送陈×回家，当时陈×状态不错，回家时也未受伤等情况。

（5）证人蔡××的证言，证明2020年5月9日晚上，陈×父亲和民警在本市杨浦区内江路××弄××号××室陈×家门口喊开门，但屋内一直无人开门，民警叫来锁匠开门后，其看到陈×的丈夫在屋内，以及陈×与丈夫过去一直吵架，且其有三四年未见陈×丈夫回家等情况。

（6）证人孙××的证言，证明其在民警到场情况下，为本市杨浦区内江路×××弄×××号×××室房门开锁，开门后其看到屋内有一男子等情况。

（7）验伤通知书及医院检验情况记录、上海××生物医药科技有限公司司法鉴定所司法鉴定意见书，证明被害人陈×外伤所致多发肋骨骨折（7处）的损伤程度构成轻伤一级，其外伤所致体表多处软组织挫伤的损伤程度构成轻微伤，上述损伤综合评定为轻伤一级，其损伤符合钝性外力直接作用的形成特点。

（8）证人童××的证言、上海市公安局杨浦分局定海路派出所出具的到案经过情况说明，证明案发及被告人刘××的到案情况。

（9）上海市公安局杨浦分局接受证据清单、民事判决书及裁定书，证明被告人刘××与被害人陈×发生离婚诉讼等情况。

上述证据均经庭审质证，且与被告人刘××的供述相印证，足以认定本案事实。

本院认为，被告人刘××故意伤害他人身体，致人轻伤，其行为已构成故意伤害罪，公诉机关指控罪名成立，对被告人刘××依法应予处罚。被告人刘××如实供述自己罪行，依法可以从轻处罚；刘××自愿认罪认罚，可依法从宽处理。公诉机关所提量刑建议并无不当，且本院审理期间亦无足以影响量刑的新情况发生，故对公诉机关量刑建议予以采纳。为严肃国法，保护公民人身权利不受侵犯，依照《中华人民共和国刑法》第二百三十四条第一款、第六十七条第三款及《中华人民共和国刑事诉讼法》第十五条之规定，判决如下：

被告人刘××犯故意伤害罪，判处有期徒刑一年四个月。

（刑期从判决执行之日起计算。判决执行以前先行羁押的，羁押一日折抵刑期一日，即自2021年5月18日起至2022年9月17日止）

如不服本判决，可在接到判决书的第二日起十日内，通过本院或者直接向上海市第二中级人民法院提出上诉。书面上诉的，应当提交上诉状正本一份、副本一份。

审 判 长　李××

人民陪审员　单　×

人民陪审员　陆××

二〇二一年七月十五日

书 记 员　蒋　×

习作训练（引入案例参考答案）

北京市通州区人民法院
刑事判决书

（2021）京0112刑初1020号

公诉机关北京市通州区人民检察院。

被告人郑×，男，1976年7月9日出生，住山东省泰安市宁阳县。2021年3月7日，因造成交通事故后逃逸被北京市公安局公安交通管理局朝阳交通支队行政拘留十五日，并处罚款一千八百元。

北京市通州区人民检察院以京通检刑诉（2021）931号起诉书指控被告人郑×犯危险驾驶罪，于2021年7月29日向本院提起公诉。本院立案后，适用刑事案件速裁程序，实行独任审判，公开开庭审理了本案。

北京市通州区人民检察院指控：2021年7月13日22时许，被告人郑×酒后驾驶黑色“奥迪”牌小型普通客车（车牌号：京H×××××）行驶至北京市通州区武夷花园小区附近，后经他人报警被查获；经抽血检测，被告人郑×体内酒精含量为201.3mg/100mL。同时认为被告人郑×具有到案后如实供述、自愿认罪认罚、血液酒精含量达到200mg/100mL以上、行驶距离较短等情节，建议判处被告人郑×拘役三个月，并处罚金人民币两千元。

被告人郑×对指控事实、罪名及量刑建议没有异议且签字具结，在开庭审理过程中亦无异议。

本院认为，北京市通州区人民检察院指控被告人郑×犯危险驾驶罪罪名成立，量刑建议适当，应予采纳。故依照《中华人民共和国刑法》第一百三十三条之第一款第二项、第六十七条第三款、第六十一条、第四十二条、第四十四条、第五十二条、第五十三条及《中华人民共和国刑事诉讼法》第十五条之规定，判决如下：

被告人郑×犯危险驾驶罪，判处拘役三个月，并处罚金人民币两千元（刑期从判决执行之日起计算，判决执行以前先行羁押的，羁押一日折抵刑期一日，即自2021年7月13日起至2021年10月12日止；罚金自判决生效之日起七日内缴纳)。

如不服本判决，可在接到判决书的第二日起十日内，通过本院或者直接向北京市第三中级人民法院提出上诉。书面上诉的，应当提交上诉状正本一份、副本一份。

审判员　王　×

二〇二一年八月五日

书记员　李　×

项目3.3　第二审刑事判决书

学习任务

制作一份第二审刑事判决书。

知识和能力目标

通过学习第二审刑事判决书的概念、格式、例文等内容，学生能够熟练掌握法院书记员工作的核心业务能力；培养学生独立撰写二审刑事判决书的能力，并让其具备对已有的二审刑事判决书进行校对的能力。

案例引入

根据如下案例制作一份第二审刑事判决书。

2021年5月26日21时许，被告人何××在××市××区××街道××村怡和木器厂宿舍内，因喷洒灭蚊药与被害人赵××发生口角，被赵××殴打。后被告人何××找来李××（假名，身份不明）帮忙打架。当日23时许，被告人何××伙同李××及李××找来的两名男子（身份不明）用镐把、砍刀将被害人赵××头部、脸部、前胸、后背等部位打伤。经法医鉴定，被害人赵××左侧眶内壁骨折、左侧鼻骨骨折伴明显移位、右侧尺骨茎突骨折，均构成轻伤，左腮部皮裂伤鉴定为轻微伤。2021年6月4日18时许，被告人何××在××省××市××镇丰源网吧内被公安机关抓获。

双方当事人在侦查阶段就民事赔偿已自愿达成协议，并履行完毕。

××市××区人民法院审理××市××区人民检察院指控原审被告人何××犯故意伤害罪一案，于2021年12月6日作出（2021）××刑初 1315 号刑事判决。

被告人何××故意伤害他人身体健康，造成致人轻伤的后果，其行为已构成故意伤害罪，应依法惩处。鉴于被告人自愿认罪且能够积极赔偿被害人的经济损失，取得被害人的谅解，可以酌情从轻处罚。原审法院根据被告人犯罪的事实、犯罪的性质、情节和对社会的危害程度，认定被告人何××犯故意伤害罪，判处有期徒刑一年六个月。

一审判决后，上诉人不服判决进行上诉。上诉人何××的上诉理由是：（1）被害人赵××在本案中有明显过错，系被害人赵××先对上诉人何××进行殴打；（2）2021年12月6日，上诉人何××家属与被害人赵××已达成和解协议，被害人已谅解，表示不追究何××的刑事责任；（3）上诉人何××系自愿认罪，并能积极赔偿被害人经济损失，应从轻处罚并适用缓刑。

上诉人何××在二审法院审理中未提出新的证据。二审法院审理期间，被告人家属与被害人再次达成赔偿协议，赔偿被害人人民币一万元、被害人赵××递交了“请求法院对何××从轻处理意见书”。因此二审法院对其宣告实行缓刑，并维持××市××区人民法院（2021）××刑初1315号刑事判决对被告人何××的定罪部分，即被告人何××犯故意伤害罪。同时撤销××市××区人民法院（2021）××刑初1315号刑事判决对被告人何××的刑罚部分，即判处有期徒刑一年六个月。最终判处上诉人何××有期徒刑一年六个月，缓刑两年。

何××，男，1977年5月28日出生于××省××市，身份证号码21××2119770528××××，汉族，初中文化，无职业，现住××省××市××镇××村107号。因本案于2021年6月4日被刑事拘留，同年6月9日被取保候审，2021年12月12日××区人民法院根据刑事判决书对其进行羁押，现羁押于××区看守所。

判决书编号：2021年第28号；作出判决时间：2021年1月13日。

基础知识

一、概念

第二审刑事判决书，是指第二审人民法院根据当事人的上诉或者人民检察院的抗诉，依刑事诉讼法规定的第二审程序，对第一审人民法院作出的未发生法律效力的判决进行第二次审判后作出的书面决定。

《中华人民共和国刑事诉讼法》第二百二十七条规定：“被告人、自诉人和他们的法定代理人，不服地方各级人民法院第一审的判决、裁定，有权用书状或者口头向上一级人民法院上诉。被告人的辩护人和近亲属，经被告人同意，可以提出上诉。附带民事诉讼的当事人和他们的法定代理人，可以对地方各级人民法院第一审的判决、裁定中的附带民事诉讼部分，提出上诉。对被告人的上诉权，不得以任何借口加以剥夺。”《中华人民共和国刑事诉讼法》第二百二十八条规定：“地方各级人民检察院认为本级人民法院第一审的判决、裁定确有错误的时候，应当向上一级人民法院提出抗诉。”因此在刑事诉讼中，上诉和抗诉都可以引发第二审审判程序。根据《中华人民共和国刑事诉讼法》第二百三十六条的规定，人民法院对第二审刑事案件的审理，其结果有以下三种情况：第一，裁定驳回上诉或抗诉，维持原判；第二，原判决认定事实没有错误，但适用法律有错误，或者量刑不当的，应当改判；第三，裁定撤销原判，发回原审人民法院重新审判。因此，第二审刑事判决书只适用于二审改判案件。第二审刑事判决书是第二审人民法院对上诉或抗诉的一审刑事判决进行全面审查的书面结论，第一审判决在认定事实上是否清楚、适用法律是否正确、诉讼程序是否合法等，都要在第二审中进行全面审查。第二审刑事判决书要纠正一审判决实体部分中的错误，依法准确地惩罚犯罪，保障无罪的人不受刑事追究。其有利于上级人民法院监督和指导下级法院的刑事审判工作，保证办案准确无误。

二、格式

××××人民法院

刑事判决书

（年度）××刑终第××号

原公诉机关××××人民检察院

上诉人（原审被告人）……

辩护人……

××××人民法院审理××××人民检察院指控原审被告人……（姓名）犯××罪一案，于××××年××月××日作出（年度）×刑初字第××号刑事判决，原审被告人×××不服，提出上诉。本院依法组成合议庭，公开（或不公开）开庭审理了本案。××××人民检察院指派检察员×××出庭履行职务。上诉人（原审被告人）×××及其辩护人×××等到庭参加诉讼，现已审理终结。

……，……

经审理查明，……

本院认为，……依照……的规定，判决如下：

……

本判决为终审判决。

审判长　×××

审判员　×××

审判员　×××

××××年××月××日

书记员　×××

三、格式、内容与制作方法

第二审刑事判决书的结构与第一审刑事判决书基本相同。但是它也有自己二审文书的特点。

1. 首部

（1）标题。

其写法与第一审刑事判决书基本相同。无须标明审级。

（2）案号。

其写法与第一审刑事判决书基本相同。其中审判程序的代字为“终”，表明是刑事终审，不采用“二”或“上”字，第二审程序的各种刑事诉讼文书都用“终”字表示。

（3）抗诉人和上诉人的称谓及基本情况

按照抗诉人、上诉人的顺序来写，要标明上诉人在原审中的诉讼地位。

第一，被告人的辩护人或近亲属经过被告人同意而提出上诉的，上诉人仍为原审被告人，但应将审理经过段中“原审被告人×××不服，提出上诉”一句改为“原审被告人×××的近亲属（或者辩护人）×××经征得原审被告人×××同意，提出上诉”。

被害人及其法定代理人请求人民检察院提出抗诉，检察院根据《中华人民共和国刑事诉讼法》第一百八十二条规定，决定抗诉的，应在审理经过段中的“原审被告人×××不服，提出上诉”一句之后，续写“被害人（或者其法定代理人）×××不服，请求××××人民检察院提出抗诉。××××人民检察院决定并于××××年××月××日向本院提出抗诉”。

第二，检察机关提出抗诉的，写明：

抗诉机关××××人民检察院。

原审被告人……

辩护人……

如果在同一案件中，既有被告人上诉，又有检察机关抗诉的，其表述顺序为：

“抗诉机关××××人民检察院。

上诉人（原审被告人）……

辩护人……”

第三，自诉案件自诉人提出上诉的，表述顺序为：

“上诉人（原审自诉人）……

原审被告人……”

第四，被告人提出上诉的，表述顺序为：

“上诉人（原审被告人）……

原审自诉人……”

第五，自诉人和被告人均提出上诉的，表述为：

“上诉人（原审自诉人）……

上诉人（原审被告人）……。”

如果自诉人有诉讼代理人，被告人有辩护人的，应分别在各自的项下增写“诉讼代理人”项或“辩护人”项。如果自诉人、被告人是未成年人，其法定代理人或指定代理人提出上诉的，仍称“上诉人”并括注其与被代理人的关系，随后续写被代理人、“原审自诉人”项或“原审被告人”项。另外，共同犯罪案件的数个被告人中，有的上诉，有的不上诉，列出提出上诉的“上诉人（原审被告人）”项，后面续写未提出上诉的“原审被告人”。上述主要参与人的基本情况与第一审刑事判决书相同，即上诉人为原审被告人、原审自诉人、指定代理人（法定代理人）的，写法和一审刑事判决书中的被告人、自诉人、指定代理人（法定代理人）的要求相同，辩护人、委托代理人写法也相同。对于第二审人民法院未开庭审理的，本院依法组成合议庭之后，将“公开开庭审理了本案”，改写为“经过阅卷，讯问被告人，听取其他当事人、辩护人、诉讼代理人的意见，认为事实清楚，决定不开庭审理。”

2. 正文

（1）案件来源和审判经过。

其主要写明不服原判提出上诉或者抗诉后第二审法院依法进行审理的经过。公诉案件中被告人提出上诉的，该段如“格式”所示，如首部的公诉机关和主要诉讼参与人项做了变动之后，案件的由来和审判经过以及其他各处，应做相应的变动。

（2）事实。

首先，概述原判决的基本内容，即原判认定的事实、证据、理由和判处结果。其次，写明上诉、辩护方的意见。再次，概述检察院在二审中提出的新意见。最后，写二审法院查明的事实。由“经审理查明……”引起，首先写明二审审理的过程；其次写明二审据以定案的证据；最后针对上诉理由中与原判认定有异议的问题进行分析、论证。根据《中华人民共和国刑事诉讼法》第二百三十六条第（二）（三）项的规定，二审改判均与一审认定的事实有关；或者原判决认定事实没有错误，但适用法律有错误或者量刑不当；或者原判决认定事实不清，证据不足。因此，虽然二审刑事判决书叙述犯罪事实的原则和方法与一审刑事判决书基本相同，但仍具有自己的特点。二审刑事判决书所写的事实，必须是经二审法院全面审查认定的事实和证据，不受上诉（或抗诉）范围的限制。如上诉或者抗诉对原判认定的事实全部否认的，应针对上诉或者抗诉的主要理由，用二审查证核实的证据材料，逐一写明案件事实，提出认定或者否定原判事实的根据和理由；上诉或者抗诉认为原判认定的事实有部分不符合的，二审应对没有争议的事实部分略述，对有争议的部分详细叙述。

（3）理由。

根据二审查明的事实、证据和有关法律规定，说明一审法院判决认定的事实、证据和适用法律是否正确。对于上诉人、辩护人或者出庭的公诉人的意见，需要分析后表明是否采信，并说明理由。分析论证之后引用改判的法律依据，得出最终的判决结论。理由部分从层次安排上看，仍是首先概述二审认定的事实，即指明犯罪性质、危害等，然后论析各方意见，最后引用法律依据。应重点针对一审判决中的错误，针对上诉、抗诉的意见和理由，展开论证，力求精辟透彻、是非分明、重点突出。在引用法律条款时的范围、顺序及注意事项上可参考第一审刑事判决书部分。例如：“本院认为，上诉人李××，在公共场所乘他人不备，抢夺钱财，且数额巨大，构成抢夺犯罪，应予依法严惩。但上诉人提出，其行抢夺时没有使用暴力，没有侵犯被抢人的人身权利，归案后，又能如实供出赃款隐藏的地点，没有使国家遭受经济损失，此情节属实。上诉人李××的上诉理由及其辩护人的意见，均予采纳，可依法对李××适当从轻处罚。依照《中华人民共和国刑法》第二百六十七条、第六十条之规定，判决如下：“这是一起抢夺案的二审刑事判决书、理由部分，针对一审定性为抢劫罪和上诉、辩护理由进行了分析论证，条理清楚，观点明确。”

（4）判决结果。

有两种情况，其表述方式也不相同。

第一，全部改判的，表述为：

“一、撤销××××人民法院（××××）×刑初字××号刑事判决；

二、上诉人（原审被告人）×××……（改判具体内容）

（刑期从……）。”

第二，部分改判的，表述为：

“一、维持××××人民法院（××××）×刑初字第××号刑事判决的第×项，……（维持的具体内容）；

二、撤销××××人民法院（××××）×刑初字第××号刑事判决第×项，即……（撤销的具体内容）；

三、上诉人（原审被告人）×××……（部分改判内容）

（刑期从……）。”

第一种格式主要针对原判认定事实、适用法律均有错误；原判认定事实没有错误，但适用法律有错误或者量刑不当；原判事实不清楚或者证据不足，二审法院已经查清的；原判把无罪错定为有罪等情况而进行全部改判时使用。其表述顺序先写撤销内容，再写改判结果，不能颠倒。

第二种格式主要针对原判定罪或者量刑有错误，事实正确；原判对共同犯罪案件中的部分被告人定罪量刑有错误；原判仅对其他非刑罚的处理（如追缴、没收、退赔的赃款、赃物的处理）不当等情况，进行部分改判时使用。其表述顺序为：先写维持原判决的具体内容，再写撤销的部分，最后写明改判内容，不能颠倒或省略。其中维持或撤销部分的写法，一定要明确具体，即先写明维持或撤销原判的第几项，再表述该项具体内容。

上述两种格式分别举例如下：

第一种格式举例：

第一种格式中全部改判宣告无罪的：

一、撤销××省××市××区人民法院（2022）×刑初字14号刑事判决；

二、上诉人（原审被告人）刘××无罪。

第一种格式全部改判的：

一、撤销××省××县人民法院（2022）×刑初第20号刑事判决；

二、上诉人（原审被告人）李××犯抢夺罪，判处有期徒刑二年；

(刑期从……)

三、上诉人（原审被告人）金×违法所得人民币一万元，予以责令退赔。

第二种格式举例：

一、维持××省××市××区人民法院（××××）×刑初字第×号刑事判决的第一项、第二项中的定罪部分，即上诉人（原审被告人）于×犯故意伤害罪。

二、撤销××省××市××区人民法院（××××）×刑初字第×号刑事判决的第1项、第2项中的刑罚部分，即撤销判处上诉人（原审被告人）于×有期徒刑×年、判处被告人李××有期徒刑×年的刑罚。

三、上诉人（原审被告人）于×犯故意伤害罪，判处有期徒刑×年。

3. 尾部

（1）在判决结果下方另起一行写“本判决为终审判决”，表示第二审判决一经宣告即发生法律效力，交付执行。

第二审刑事判决书的制作机关如果是高级人民法院，改判的结果中有判处死刑的被告人的，应依照《中华人民共和国刑事诉讼法》第二百四十七条的规定，由于判决并未发生效力，故在判决结果下方写：“本判决由本院依法报送最高人民法院核准”，不写“本判决为终审判决”。第二审人民法院审理上诉、抗诉案件的判决结果是在法定刑以下判处刑罚，并且依法应当报请最高人民法院核准的，在尾部写明：“本判决报请最高人民法院核准后生效”。

（2）署名。只签署合议庭组成人员的名称，没有独任审判的情况，因为《中华人民共和国刑事诉讼法》第二百三十四条规定，第二审人民法院对于下列案件，应当组成合议庭，开庭审理：（一）被告人、自诉人及其法定代理人对第一审认定的事实、证据提出异议，可能影响定罪量刑的上诉案件；（二）被告人被判处死刑的上诉案件；（三）人民检察院抗诉的案件；（四）其他应当开庭审理的案件。第二审人民法院决定不开庭审理的，应当讯问被告人，听取其他当事人、辩护人、诉讼代理人的意见。然后签署时间、加盖院印、签署书记员姓名并加盖核对章，制作方法同一审刑事判决书。

例文示范

上海市第一中级人民法院
刑事判决书

案号：（2020）沪01刑终×××号

原公诉机关上海市金山区人民检察院。

上诉人（原审被告人）张××（自报），男，1971年9月27日生，汉族，初中文化，系上海××实业有限公司实际经营者，户籍在安徽省淮南市八公山区，现住上海市松江区，2021年8月7日因本案被刑事拘留，同年9月12日被逮捕，现羁押于上海市金山区看守所。

辩护人王××，上海孜求律师事务所律师。

上海市金山区人民法院审理上海市金山区人民检察院指控原审被告人张××犯诈骗罪一案，于2020年6月16日作出（2021）沪0116刑初1104号刑事判决。原审被告人张××不服，提出上诉。本院受理后依法组成合议庭，于2021年3月10日公开开庭审理了本案。上海市人民检察院第一分院指派检察员刘×出庭履行职务。上诉人张××及其辩护人王××到庭参加诉讼。本案经依法延期审理，现已审理终结。

原审经审理查明：2012年7月，被害人顾×因工程资金短缺向被告人张××借款并签下借条（约定借款本金30万元，借期一个月，借款人为张××，担保人为顾×），双方口头约定月利率12%，实际给付26.4万元，被害人顾×到期未能还款。2012年9月至2013年9月，被告人张××按月息12%，利息计入后期借款本金再计算利息的方式让被害人顾×签下十余张借条，共计102.6万元。其间，被告人张××在被害人顾×不知情的情况下，采用将借款数额故意提高的手法，在计算利息过程中多计6.5万余元。

2015年5月20日晚，被告人张××在得知被害人顾×至亲戚家奔丧后，指使他人前去将被害人顾×留住，被指使人到达现场后殴打了被害人顾×，被害人顾×前妻周××报警后，被告人张××亦赶到现场，民警将顾×、张××带至本区金山卫派出所让双方自行协商，周××随后赶来。其间，被告人张××要挟被害人顾×还款150万元，后被害人顾×、周××答应用周××名下位于本区××村××号××室的房屋以及现金20万元抵债（若现金无法支付就用被害人周×1名下的车辆抵债）。

2015年8月，被告人张××让被害人周××将上述房屋出售，所得房款68万元归张××；2015年9月，被告人张××让被害人周××出售其车辆得款14万元，所得钱款亦归张××。

2021年8月7日，被告人张××被抓获。

原判认定上述事实的证据有被害人顾×、周××的陈述、相关辨认笔录及提供的书证，证人张××、周××、张××、李×、费×的证言及相关证人提供的书证，公安机关调取的出警记录、案情摘要、上海市房地产买卖合同、银行转账记录，扫黑除恶线索处理单、涉黑涉恶线索移送单、举报信，公安机关出具的抓获、侦破经过、户籍资料，被告人张××到案后的供述、亲笔计算材料等。

原判认为，被告人张××以非法占有为目的，采用“套路贷”方式骗取被害人钱款，数额特别巨大，其行为已构成诈骗罪。据此，依照《中华人民共和国刑法》第二百六十六条、第六十四条之规定，对被告人张××犯诈骗罪，判处有期徒刑十年六个月，并处罚金人民币六万元。责令被告人张××于判决生效之日起十日内退赔被害人周××、顾×经济损失人民币55.6万元。

上诉人张××提出，其是为了赚取高额利息而出借钱款，高额利息是顾某自愿支付的，其在讨债过程中没有实施要挟或暴力行为，其行为不构成诈骗罪；68万元卖房款中，其只得到66.5万元。

辩护人提出：

1. 张××与顾×等人存在真实的民间借贷法律关系，张×是为了赚取高额利息，没有非法侵占他人财产的故意；张××在向顾某讨债过程中并未使用暴力威胁等手段，不能认定张要挟顾还款150万元，张×的行为不符合“套路贷”特征，且本案发生时并没有相关法律规定“套路贷”犯罪，故张×的行为不能以“套路贷”认定。

2. 张××涉嫌诈骗金额仅为其在被害人顾某不知情情况下多计的6.5万元，且系诈骗未遂。

3. 张××具有坦白情节，系初犯。综上，一审法院判决认定事实有误，证据不足，适用法律错误，恳请本院依法改判或发回重审。

上海市人民检察院第一分院出庭意见认为，原判认定上诉人张××在放贷过程中收取高额利息和砍头息、将利息本金化、计算复利、故意多算利息，且在讨债过程中存在要挟等行为，迫使被害方卖车卖房的事实清楚，建议法庭在查清被害人是否曾归还给张××10万元的事实后依法裁判。

本院经审理查明的事实和证据与原判相同。

针对上诉人的上诉理由及辩护人的辩护意见，本院综合评判如下：

第一，关于上诉人张××及其辩护人所提张××没有非法占有他人财物的故意及在讨债过程中没有实施要挟或暴力行为的相关意见。经查，现有事实和证据表明，张××对被害人放贷过程中，采取计算复利、故意多算利息等手段，致使借贷金额远超合法利率；张××对被害人采取要挟等手段，致使被害人产生恐惧心理，进而强行索取巨额钱款；张××的上述行为最终迫使被害人卖房卖车，造成了严重的社会危害结果，故综合上述因素，足以认定张××主观上具有非法占有故意，客观上实施了要挟、索取钱款的行为。上诉人及其辩护人所提上述辩解及辩护意见，与本案查明的事实不符，不予采纳。

第二，关于上诉人张××所提68万元卖房款中其只得到66.5万元的辩解。经查，张××的上述辩解与被害人周××的陈述及相关书证不符，且张××在一审庭审时对起诉指控其得到68万元卖房款不持异议，现亦无任何证据印证其辩解，故上诉人所提上述辩解，无事实依据，不予采信。

第三，关于检察机关所提要查清被害人是否曾归还给张××10万元的意见。经查，虽然被害人的陈述及证人张××的证言证明顾×归还过10万元，但没有相关书证印证张××收到过该10万元，故现有证据尚不能证实张××收到过顾×还款10万元。

本院认为，上诉人张××以非法占有为目的，采用要挟等手段，强行索取被害人财物，数额巨大，其行为构成敲诈勒索罪。原审判决认定的主要事实清楚，证据确实、充分，审判程序合法。原审法院对上诉人行为的定性有误，依法予以纠正。上诉人张××所提其行为不构成诈骗罪的上诉理由，予以采纳。辩护人所提相关辩护意见，无事实与法律依据，不予采纳。据此，依照《中华人民共和国刑法》第二百七十四条、第六十四条和《中华人民共和国刑事诉讼法》第二百三十六条第一款第（二）项之规定，判决如下：

一、撤销上海市金山区人民法院（2021）沪0116刑初1104号刑事判决的第一项、第二项，即"被告人张××犯诈骗罪，判处有期徒刑十年六个月，并处罚金人民币六万元。责令被告人张××于判决生效之日起十日内退赔被害人周××、顾×经济损失人民币55.6万元。"

二、上诉人张×军犯敲诈勒索罪，判处有期徒刑七年，并处罚金人民币五万元。

（刑期从判决执行之日起计算，判决执行以前先行羁押的，羁押一日折抵刑期一日，即自2021年8月7日起至2026年8月6日止；罚金于判决生效之日起十日内缴纳。）

三、上诉人张××的违法所得予以追缴后发还给被害人。

本判决为终审判决。

审判长　马××

审判员　康　×

审判员　陈　×

二〇二一年三月三十日

书记员　周　×

习作训练（引入案例参考答案）

××省××市中级人民法院

刑事判决书

（2021）××刑终28号

原公诉机关××市××区人民检察院。

上诉人（原审被告人）何××，男，1977年5月28日出生于××省××市，身份证号码21××2119770528××××，汉族，初中文化，无职业，现住××省××市××镇××村107号。因涉嫌故意伤害犯罪于2021年6月4日被刑事拘留，同年6月9日被取保候审，2021年12月12日××区人民法院根据刑事判决书对其进行羁押，现羁押于××区看守所。

××市××区人民法院审理××市××区人民检察院指控原审被告人何××犯故意伤害罪一案，于2021年12月6日作出2021××刑初1315号刑事判决。宣判后，原审被告人何××不服原判，提出上诉。本院依法组成合议庭，通过阅卷，提审上诉人，认为本案事实清楚，决定不开庭审理。现已审理终结。

原审判决认定，2021年5月26日21时许，被告人何××在××市××区××街道××村怡和木器厂宿舍内，因喷洒灭蚊药与被害人赵××发生口角，被赵××殴打。后被告人何××找来李××（假名，身份不明）帮忙打架。当日23时许，被告人何××伙同李××及李××找来的两名男子（身份不明）用镐把、砍刀将被害人赵××头部、脸部、前胸、后背等部位打伤。经法医鉴定，被害人赵××左侧眶内壁骨折、左侧鼻骨骨折伴明显移位、右侧尺骨茎突骨折，均构成轻伤，左腮部皮裂伤鉴定为轻微伤。2021年6月4日18时许，被告人何××在××省××市××镇丰源网吧内被公安机关抓获。

双方当事人在侦查阶段就民事赔偿已自愿达成协议，并履行完毕。

上述事实被告人何××在开庭审理过程中亦无异议，且有被害人赵××的陈述，证人朱××、张××的证言，法医司法鉴定意见书，辨认笔录，协议书及收条，户籍信息，案件来源及抓捕经过等证据证实，足以认定。

原审法院认为，被告人何××故意伤害他人身体健康，致人轻伤，其行为已构成故意伤害罪，应依法惩处。鉴于被告人自愿认罪且能够积极赔偿被害人的经济损失，取得被害人的谅解，可以酌情从轻处罚。根据被告人犯罪的事实、犯罪的性质、情节和对社会的危害程度，依照《中华人民共和国刑法》第二百三十四条第一款、第二十五条第一款之规定，认定被告人何××犯故意伤害罪，判处有期徒刑一年六个月。

上诉人何××的上诉理由是：（1）被害人赵××在本案中有明显过错，系被害人赵××先对上诉人何××进行殴打；（2）2021年12月6日，上诉人何××家属与被害人赵××已达成和解协议，被害人已谅解，表示不追究何××的刑事责任；（3）上诉人何×

××系自愿认罪，并能积极赔偿被害人经济损失，应从轻处罚并适用缓刑。

经审理查明，上诉人何××故意伤害犯罪的事实、证据与原审判决认定相同，本院审理过程中未发生变化，本院依法均予确认。同时，上诉人何××在本院审理中未提出新的证据。

本院审理期间，被告人家属与被害人再次达成赔偿协议，赔偿被害人人民币一万元、被害人赵××递交了“请求法院对何××从轻处理意见书”

本院认为，上诉人何××故意伤害他人身体健康，致人轻伤，其行为已构成故意伤害罪。鉴于上诉人家属积极赔偿被害人的经济损失，并取得被害人赵××谅解，被害人恳请法院对上诉人何××判处缓刑的实际情况，并综合考虑当事人双方系同事，被害人赵××在本案中负有一定责任以及上诉人何××系初犯、偶犯，认罪态度较好，确有悔改表现等情节，对其适用缓刑确实不致再危害社会，故可对其宣告缓刑。依照《中华人民共和国刑事诉讼法》第二百三十六条第（二）项、《中华人民共和国刑法》第二百三十四条第一款、第二十五条第一款、第七十二条第一款、第七十三条之规定，判决如下：

一、维持××市××区人民法院（2021）××刑初1315号刑事判决对被告人何××的定罪部分，即被告人何××犯故意伤害罪。

二、撤销××市××区人民法院（2021）××刑初1315号刑事判决对被告人何××的刑罚部分，即判处有期徒刑一年六个月。

三、判处上诉人何××有期徒刑一年六个月，缓刑两年。（缓刑考验期从本判决确定之日起计算）本判决为终审判决。

审判长　秦××

审判员　张××

审判员　金××

二〇××年一月十三日

书记员　郭××

项目3.4　刑事裁定书

学习任务

制作一份刑事裁定书。

知识和能力目标

通过学习刑事裁定书的概念、格式、例文等内容，学生能够具备法院书记员工作的核心业务能力；培养学生独立撰写刑事裁定书的能力，并使其具备对已有的刑事裁定书进行校对的能力。

案例引入

根据如下案例制作一份刑事裁定书。

王××、李××系夫妻关系。李××曾经三次到××大学医学院附属第一医院传染科找刘××看病。2021年6月28日下午，李××看病回家后，向王××称刘××给其检查病情时，猥亵了她。王××、李××等于7月2日上午11时许，邀约朱××、李××等一起到医院找刘××“算账”。该医院保卫科表示立即对此事进行调查，让被告人回去等候调查结果。但王××、李××离开保卫科后，立即来到刘××家里，强行将刘××拉到派出所。途经××路街口时，王××、李××对刘××肆意辱骂，甚至强行要自诉人下跪认错，引起群众围观。后××派出所警员将被告人等带到派出所解决。之后自诉人刘××以被告人王××、李××犯侮辱罪起诉至××市××区人民法院。经过法院调查认为被告人李××称刘××看病时乘机对其进行猥亵，证据不足。被告人王××、李××等人对自诉人进行侮辱有现场目击群众李××、赵××、陈××等人证言及××派出所接警出警材料为证，二被告人亦供认。经该法院对其被告二人教育后，被告二人认识到错误并向自诉人赔礼道歉，得到了自诉人的谅解，自诉人表示不再追究其刑事责任。因此自诉人刘××撤回了诉讼。该法院准许自诉人刘××撤诉。

刘××，男，1982年10月14日生，汉族，××省××市人，大学文化，××大学医学院附属第一医院副院长，现住××省××市××区××大街××号。

委托代理人何××，××市××律师事务所律师。

被告人王××，男，1981年3月18日生，汉族，××省××县人，初中文化，××市××房产局维修队工人，住××市××区××七路××号。

被告人李××，女，1985年9月27日生，汉族，××省××县人，初中文化，无业，住××市××区××七路××号。

裁定书编号：2022年第××号；作出裁定时间：2022年1月28日。

基础知识

一、概念

刑事裁定书是指人民法院在审理刑事案件过程中，依照刑事诉讼法规定的审判程序，对有关程序问题和部分实体问题作出的书面决定。

刑事裁定书主要有五种：驳回自诉用刑事裁定书，准许撤诉或者按撤诉处理用刑事裁定书，中止审理用刑事裁定书，终止审理用刑事裁定书，补正裁判文书失误用刑事裁定书。刑事裁定书在第一审刑事诉讼程序和第二审刑事诉讼程序、刑事再审程序、死刑复核程序中均可使用。这里主要介绍常见的第一审刑事裁定书。

二、格式

××××人民法院
刑事裁定书

（××××）××刑初字××号

自诉人……

被告人……

自诉人×××以被告人×××犯××罪于××××年××月××日，向本院提起控诉。

本院审查认为，……（简写驳回自诉的理由）依照……的规定，裁定如下：

驳回自诉人×××对被告人×××的起诉。

如不服本裁定，可在接到裁定书的第二日起五日内，通过本院或者直接向××××法院提出上诉。书面上诉的，应当提交上诉状正本一份、副本×份。

审判员　×××

××××年××月××日

书记员　×××

三、内容和制作方法

1. 首部

第一审刑事裁定书里“自诉人”“被告人”的身份情况写法与一审刑事判决书基本相同。标题要写明“××××法院”“刑事裁定书”。其余各项内容按格式要求书写即可。

要写清当事人的身份事项以及案件的来源。

2. 正文

第一审刑事裁定书内容比较简单，所适用的范围比较少。常用于刑事自诉案件驳回诉讼请求。例如，基层法院在受理自诉案件后，经审查发现控告缺乏罪证，且提不出补充证据的，或者被告人的行为不构成犯罪而自诉人又不愿撤诉的，根据《中华人民共和国刑事诉讼法》第二百一十一条第一款第（二）项的规定，驳回自诉时可以使用裁定书。驳回自诉的理由，可采用简单论证的方法。应注意围绕驳回起诉刑事裁定的适用范围，有针对性地讲明道理。例如："本院审查认为，自诉人李××所述被告人王×对其故意伤害，但提不出确凿证据。经本院就地调查，在场目睹的群众也不能证实被告人王×有伤害自诉人的行为。因此，本案证据不足。依照《中华人民共和国刑事诉讼法》第二百一十一条第一款第（二）项的规定，裁定如下……"准许撤诉或者按撤诉处理的，写清楚对应的事实和理由。中止审理和终止审理的，写清楚裁定的原因。另外，该格式同样适用于有附带民事诉讼内容的自诉案件。

3. 尾部

对于驳回自诉等可以上诉的裁定需要注明可以上诉。对于中止审理等不能上诉的裁定千万不可写上诉事项。这类裁定送达后即发生法律效力。合议庭成员署名、日期以及书记员署名写在后面。

例文示范

上海市徐汇区人民法院

刑事裁定书

案号：（2021）沪0104刑初×××号

自诉人顾×，女，汉族，现住本市徐汇区。

诉讼代理人祝××，北京××（上海）律师事务所律师。

诉讼代理人张×，北京××（上海）律师事务所律师。

被告人邱××，男，汉族，现住本市徐汇区。

辩护人王××，上海××××律师事务所律师。

被告人朱×，女，汉族，现住本市徐汇区。

辩护人沈×，上海市××律师事务所律师。

自诉人顾×以被告人邱××、朱×犯重婚罪向本院提起控诉。本院于2021年6月7日立案，依法适用普通程序，组成合议庭，现已审理终结。

自诉人顾×诉称，其与被告人邱××于2004年9月8日在本市浦东新区民政局登记结婚，婚后育有二子。2016年前后，自诉人发现被告人邱××与朱×不仅存在不正当关系，还长期以夫妻名义相互称呼、共同生活，并于2018年12月5日育有一子取名邱××。

诉请法院以重婚罪追究两名被告人的刑事责任。

本院认为，重婚罪是指有配偶而重婚的，或者明知他人有配偶而与之结婚的行为。自诉人顾×提供的证据尚不能证明邱××和朱×有涉嫌重婚的犯罪行为，故顾×的刑事自诉缺乏相应的罪证，无法达到刑事诉讼证据确实、充分的标准。据此，依照《中华人民共和国刑事诉讼法》第二百一十一条第一款第（二）项、《最高人民法院关于适用〈中华人民共和国刑事诉讼法〉的解释》第三百二十一条之规定，裁定如下：

驳回自诉人顾×对被告人朱×、邱××的起诉。

如不服本裁定，可在接到裁定书的第二日起五日内，通过本院或直接向上海市第一中级人民法院提出上诉。书面上诉的，应当提交上诉状正本一份、副本一份。

审判长　彭　×

审判员　赵×军

审判员　吴×平

二〇二一年十二月六日

书记员　陈　×

上海市宝山区人民法院

刑事裁定书

案号：（2022）沪0113刑初×××号

公诉机关上海市宝山区人民检察院。

被告人黄×，女，1987年6月6日生，公民身份号码：××××××××××××，高中文化，无业，户籍地江苏省宿迁市宿城区，居住地上海市宝山区。因本案于2021年12月25日被刑事拘留，次年1月30日被逮捕。现羁押于上海市宝山区看守所。

辩护人余××，上海××律师事务所律师。

上海市宝山区人民检察院以沪宝检未刑诉（2022）9号起诉书指控被告人黄×犯过失致人死亡罪，于2022年4月20日向本院提起公诉。

本院在审理过程中，因疫情防控需要，公诉人、被告人及辩护人无法到庭参加诉讼，致使案件在较长时间内无法继续审理。依照《中华人民共和国刑事诉讼法》第二百零六条第一款第（四）项之规定，裁定如下：

本案中止审理。

审判长　张××

审判员　项××

审判员　张　×

二〇二二年四月二十八日

书记员　常　×

习作训练（引入案例参考答案）

××市××区人民法院
刑事裁定书

（2021）××刑初××号

诉讼人刘××，男，1982年10月14日生，汉族，××省××市人，大学文化，××大学医学院附属第一医院副院长，现住××省××市××区××大街××号。

委托代理人何××，××市××律师事务所律师。

被告人王××，男，1981年3月18日生，汉族，××省××县人，初中文化，××市××房产局维修队工人，住××市××区××七路××号。

被告人李××，女，1985年9月27日生，汉族，××省××县人，初中文化，无业，住××市××区××七路××号。

自诉人刘××以被告人王××、李××犯侮辱罪，要求给予刑事处分为由，于2021年7月25日向本院提起自诉。本院受理后，依法由审判员刘×独任审判。经审理查明：

被告人王××、李××系夫妻关系。2021年6月，被告人李××曾经三次到××大学医学院附属第一医院传染科找刘××看病。6月28日下午，李××看病回家后，向王××称刘××给其检查病情时，猥亵了她。被告人王××、李××等于7月2日上午11时许，邀约朱××、李××等一起到医院找刘××“算账”。该院保卫科表示立即对此事进行调查，让被告人回去等候调查结果。被告人等表示同意。但二被告人离开保卫科后，立即来到自诉人家里，强行将自诉人拉到派出所。途经××路街口时，被告人对自诉人肆意辱骂，甚至强行要自诉人下跪认错，引起群众围观。后××派出所警员将被告人等带到派出所解决。自诉人遂以被告人犯侮辱罪起诉至本院。经本院调查，被告人李××称刘××生看病时乘机对其进行猥亵，证据不足。被告人王××、李××等人对自诉人进行侮辱有现场目击群众李××、赵××、陈××等人证言及××派出所接警出警材料为证，二被告人亦供认。

本院认为，被告人王××、李××公然在大街上对他人进行侮辱，致使自诉人声誉受到严重影响，其行为是错误的。鉴于二被告人经本院进行教育后，认识到错误，并已向自诉人赔礼道歉，自诉人表示谅解，不再要求追究其刑事责任，自愿撤回诉讼。本院依照《中华人民共和国刑事诉讼法》第二百一十二条第一款之规定，裁定如下：

准许自诉人刘××撤诉。

如不服本裁定，可在接到裁定书的第二日起五日内，通过本院或者直接向××市中级人民法院提出上诉。书面上诉的，应交上诉状正本一份、副本一份。

审判员　刘　×

二〇二二年一月二十八日

书记员　赵××

互动空间

互动空间

互动空间

互动空间

互动空间

互动空间

互动空间

互动空间

互动空间

互动空间

模块二　行政文书

导　言

学习情境

张欣，××法院办公室新入职的书记员。作为书记员，除了庭审速记、拟制诉讼文书，她也需要处理办公室日常工作往来相关的行政文书。行政文书有哪些种类？各自的适用范围有哪些？应该如何进行拟写？要做好行政文书的写作和处理，首先要做的是了解行政公文的拟制和处理流程。

学习任务

了解行政公文拟制及处理流程。

任务分析

行政公文是由中央政府所规定的公文，具体指行政机关在行政管理过程中形成的具有法定效力和规范体式的文书，是依法行政和进行公务活动的重要工具。为使国家行政机关的公文处理工作规范化、制度化、科学化，国务院于2000年8月24日发布了《国家行政机关公文处理办法》；2012年，中共中央办公厅、国务院办公厅发布了《党政机关公文处理工作条例》（以下简称《条例》），明确要求各级党政机关、企事业单位、社会团体必须认真做好办文工作，提高公文质量和处理工作的效率。

撰写行政公文，首先要具有一定的政治素质和业务能力；其次，要能恰当地选择文种，严格按照公文格式和语体要求写作，同时，必须按照行文关系和规则进行办文。

基础知识

一、公文的种类

根据《条例》，党政机关公文一共有15个文种，分别是：

（1）决议。适用于会议讨论通过的重大决策事项。

（2）决定。适用于对重要事项作出决策和部署、奖惩有关单位和人员、变更或者撤销下级机关不适当的决定事项。

（3）命令（令）。适用于公布行政法规和规章、宣布施行重大强制性措施、批准授予和晋升衔级、嘉奖有关单位和人员。

（4）公报。适用于公布重要决定或者重大事项。

（5）公告。适用于向国内外宣布重要事项或者法定事项。

（6）通告。适用于在一定范围内公布应当遵守或者周知的事项。

（7）意见。适用于对重要问题提出见解和处理办法。

（8）通知。适用于发布、传达要求下级机关执行和有关单位周知或者执行的事项，批转、转发公文。

（9）通报。适用于表彰先进、批评错误、传达重要精神和告知重要情况。

（10）报告。适用于向上级机关汇报工作、反映情况，回复上级机关的询问。

（11）请示。适用于向上级机关请求指示、批准。

（12）批复。适用于答复下级机关请示事项。

（13）议案。适用于各级人民政府按照法律程序向同级人民代表大会或者人民代表大会常务委员会提请审议事项。

（14）函。适用于不相隶属机关之间商洽工作、询问和答复问题、请求批准和答复审批事项。

（15）纪要。适用于记载会议主要情况和议定事项。

二、公文的特点

党政公文主要具有以下四个特点：

（1）鲜明的政策性。

党政公文体现着党政机关的意志、意图和主张，因此，其内容必然鲜明地表现党和国家机关的方针政策，以实现有效的党政管理的目的。

（2）法定的权威性。

党政公文具有法定的权威性，这种权威性主要体现在两方面：

具有强制力。党政公文体现了党政公文机关的指挥意志与领导意图，它会对人们的思想与行为进行约束，使之一体遵行。

具有法定约束力。公文的制发者党政机关、企事业单位、社会团体依法建立和存在，被党和国家政权赋予一定职能和权力，因此，依法制发的各种文件就具有了法定的约束力。

（3）严格的规范性。

党政公文具有严格的规范性，其主要体现在两方面：

公文处理工作应该被规范。公文拟制、办理、管理等一系列相互关联、衔接有序的公文处理工作，应该被规范；公务人员也应该按照程序办事，按照规定和制度办事。

公文拟制的体式应该被规范。这里的“体”指“文体”，“式”指格式。公文是兼说明、叙述、议论多种表达方式为一体的“应用文书”，为了操作与管理方便，2012年颁布实施的《党政机关公文格式》就是为了保证公文体式的规范实施。

（4）突出时效性。

公文的效用具有一定的时间性，任何公文都不是永远有效的。从这个意义上讲，公文注重发布与施行时间，要求处理速度，讲究运转程序，正是为了突出公文的时效性。

三、公文的格式

公文一般由份号、密级和保密期限、紧急程度、发文机关标志、发文字号、签发人、标题、主送机关、正文、附件说明、发文机关署名、成文日期、印章、附注、附件、抄送机关、印发机关和印发日期、页码等组成。

（1）份号。公文印制份数的顺序号。涉密公文应当标注份号。

（2）密级和保密期限。公文的秘密等级和保密的期限。涉密公文应当根据涉密程度分别标注“绝密”“机密”“秘密”和保密期限。

（3）紧急程度。公文送达和办理的时限要求。根据紧急程度，紧急公文应当分别标注“特急”“加急”，电报应当分别标注“特提”“特急”“加急”“平急”。

（4）发文机关标志。由发文机关全称或者规范化简称加“文件”二字组成，也可以使用发文机关全称或者规范化简称。联合行文时，发文机关标志可以并用联合发文机关名称，也可以单独用主办机关名称。

（5）发文字号。由发文机关代字、年份、发文顺序号组成。联合行文时，使用主办机关的发文字号。

（6）签发人。上行文应当标注签发人姓名。

（7）标题。由发文机关名称、事由和文种组成。

（8）主送机关。公文的主要受理机关，应当使用机关全称、规范化简称或者同类型机关统称。

（9）正文。公文的主体，用来表述公文的内容。

（10）附件说明。公文附件的顺序号和名称。

（11）发文机关署名。署发文机关全称或者规范化简称。

（12）成文日期。署会议通过或者发文机关负责人签发的日期。联合行文时，署最后签发机关负责人签发的日期。

（13）印章。公文中有发文机关署名的，应当加盖发文机关印章，并与署名机关相符。有特定发文机关标志的普发性公文和电报可以不加盖印章。

（14）附注。公文印发传达范围等需要说明的事项。

（15）附件。公文正文的说明、补充或者参考资料。

（16）抄送机关。除主送机关外需要执行或者知晓公文内容的其他机关，应当使用机关全称、规范化简称或者同类型机关统称。

（17）印发机关和印发日期。公文的送印机关和送印日期。

（18）页码。公文页数顺序号。

四、公文的行文规则

1. 上行文

向上级机关行文，应当遵循以下规则：

（1）原则上主送一个上级机关，根据需要同时抄送相关上级机关和同级机关，不抄送下级机关。

（2）党委、政府的部门向上级主管部门请示、报告重大事项，应当经本级党委、政府同意或者授权；属于部门职权范围内的事项应当直接报送上级主管部门。

（3）下级机关的请示事项，如需以本机关名义向上级机关请示，应当提出倾向性意见后上报，不得原文转报上级机关。

（4）请示应当一文一事。不得在报告等非请示性公文中夹带请示事项。

（5）除上级机关负责人直接交办事项外，不得以本机关名义向上级机关负责人报送公文，不得以本机关负责人名义向上级机关报送公文。

（6）受双重领导的机关向一个上级机关行文，必要时抄送另一个上级机关。

2. 下行文

向下级机关行文，应当遵循以下规则：

（1）主送受理机关，根据需要抄送相关机关。重要行文应当同时抄送发文机关的直接上级机关。

（2）党委、政府的办公厅（室）根据本级党委、政府授权，可以向下级党委、政府行文，其他部门和单位不得向下级党委、政府发布指令性公文或者在公文中向下级党委、政府提出指令性要求。需经政府审批的具体事项，经政府同意后可以由政府职能部门行文，文中须注明已经政府同意。

（3）党委、政府的部门在各自职权范围内可以向下级党委、政府的相关部门行文。

（4）涉及多个部门职权范围内的事务，部门之间未协商一致的，不得向下行文；擅自行文的，上级机关应当责令其纠正或者撤销。

（5）上级机关向受双重领导的下级机关行文，必要时抄送该下级机关的另一个上级机关。

五、公文拟制

公文拟制包括公文的起草、审核、签发等程序。

公文起草应当做到：

（1）符合党的理论路线、方针政策和国家法律法规，完整准确体现发文机关意图，并同现行有关公文相衔接。

（2）一切从实际出发，分析问题实事求是，所提政策措施和办法切实可行。

（3）内容简洁，主题突出，观点鲜明，结构严谨，表述准确，文字精练。

（4）文种正确，格式规范。

（5）深入调查研究，充分进行论证，广泛听取意见。

（6）公文涉及其他地区或者部门职权范围内的事项，起草单位必须征求相关地区或者部门意见，力求达成一致。

（7）机关负责人应当主持、指导重要公文起草工作。

公文应当经本机关负责人审批签发。重要公文和上行文由机关主要负责人签发。党委、政府的办公厅（室）根据党委、政府授权制发的公文，由授权机关主要负责人签发或者按照有关规定签发。签发人签发公文，应当签署意见、姓名和完整日期；圈阅或者签名的，视为同意。联合发文由所有联署机关的负责人会签。

》 例文示范

例文 1

国务院办公厅关于公布
《法律、行政法规、国务院决定设定的行政许可事项清单（2023年版）》的通知

国办发〔2023〕5号

各省、自治区、直辖市人民政府，国务院各部委、各直属机构：

2022年1月，国务院办公厅印发《关于全面实行行政许可事项清单管理的通知》（国办发〔2022〕2号），公布《法律、行政法规、国务院决定设定的行政许可事项清单（2022年版）》。清单印发后，根据党中央、国务院决策部署，一些法律法规作了修订，有的机构职能发生调整，涉及清单中的部分行政许可事项，有关部门已经依法依规施行。按照清单管理工作机制，国务院办公厅会同有关部门对行政许可事项调整情况进行汇总，修订形成《法律、行政法规、国务院决定设定的行政许可事项清单（2023年版）》，经国务院同意，现予公布，并将修订情况通知如下：

一、根据《中华人民共和国畜牧法》修订情况，删去农业农村部主管的“培育新的畜禽品种、配套系中间试验审批”、“新选育或引进蚕品种中间试验审批”、“家畜繁殖员职业资格认定”。

二、根据《中华人民共和国种子法》修订情况，删去国家林草局主管的“林草种子苗木进出口审批”、“收购珍贵树木种子和限制收购林木种子审批”、“使用低于国家或地方规定的种用标准的林木种子审批”。

三、根据《中华人民共和国体育法》修订情况，新增行政许可事项“举办高危险性体育赛事活动许可”，由体育总局主管，省级、设区的市级、县级体育部门实施；将体育总局主管的“临时占用公共体育设施审批”修改为“临时占用公共体育场地设施审批”，实施机关增加体育总局。

四、根据新出台的《中华人民共和国噪声污染防治法》，《中华人民共和国环境噪声污染防治法》已经废止，取消生态环境部主管的“防治污染设施拆除或闲置审批”中的“防治噪声污染设施拆除或闲置审批”，修改为“拆除或闲置海洋工程环境保护设施审批”。

五、根据《中华人民共和国证券法》、《国务院办公厅关于贯彻实施修订后的证券法有关工作的通知》（国办发〔2020〕5号）有关规定，按照《首次公开发行股票注册管理办法》、《上市公司证券发行注册管理办法》等关于全面实行股票发行注册制的规定，将证监会主管的“公司发行股票、存托凭证注册、核准”修改为“公司发行股票、存托凭证注册”，“上市公司发行可转换为股票的公司债券注册、核准”修改为“上市公司发行可转换为股票的公司债券注册”。

六、根据《中共中央办公厅 国务院办公厅关于调整国家卫生健康委员会职能配置、内设机构和人员编制的通知》、《国家疾病预防控制局职能配置、内设机构和人员编制规定》有关规定，将“涉及饮用水卫生安全的产品卫生许可”、“饮用水供水单位卫生许可”、“公共场所卫生许可”、“利用新材料、新工艺技术、新杀菌原理生产消毒产品审批”、“消毒产品生产单位审批”的中央主管部门由国家卫生健康委调整为国家疾控局，并对实施机关作出相应调整。

另外，根据有关法律法规修订等情况，对部分行政许可事项的实施机关、设定和实施依据等内容作出调整。

各地区、各部门要认真落实《法律、行政法规、国务院决定设定的行政许可事项清单（2023年版）》，及时调整完善本地区、本部门行政许可事项清单和实施规范，严格依照清单实施行政许可，不断强化实施情况动态评估和全程监督，扎实有效做好全面实行行政许可事项清单管理工作。

国务院办公厅

2023年2月28日

（此件公开发布）

例文2

人力资源社会保障部 司法部 财政部
关于进一步加强劳动人事争议调解仲裁法律援助工作的意见

人社部发〔2020〕52号

各省、自治区、直辖市及新疆生产建设兵团人力资源社会保障厅（局）、司法厅（局）、财政厅（局）：

加强劳动人事争议调解仲裁法律援助工作（以下简称调解仲裁法律援助工作），保障符合条件的劳动者特别是贫困农民工及时获得法律援助服务，对于维护劳动者合法权益、确保法律正确实施、促进社会公平正义具有重要意义。近年来，一些地方主动采取措施加强调解仲裁法律援助工作，取得了良好效果。但与人民群众日益增长的法律援助需求相比，调解仲裁法律援助工作还存在协作机制有待健全、保障机制不够完善等问题。为认真落实中央关于全面推进依法治国的重大战略部署，统筹推进疫情防控与经济社会发展，加快处理各类涉疫情劳动人事争议，进一步满足人民群众特别是贫困劳动者对调解仲裁法律援助工作的需要，根据中央关于完善法律援助制度的有关精神和《法律援助条例》相关规定，现就进一步加强调解仲裁法律援助工作提出如下意见。

一、建立健全调解仲裁法律援助协作机制。人力资源社会保障行政部门、劳动人事争议仲裁院（以下简称仲裁院）和司法行政机关、法律援助机构要建立完善调解仲裁法律援助协作工作机制，切实加强调解仲裁法律援助工作。人力资源社会保障行政部门和仲裁院要充分发挥处理劳动人事争议的专业优势，司法行政机关和法律援助机构要加强法律援助业务指导，提升规范化服务水平。仲裁院可以引导当事人通过拨打“12348”公共法律服务热线或登录法律服务网等方式进行法律咨询，帮助符合法律援助条件的农民工和困难职工申请法律援助；法律援助机构要在仲裁院公示法律援助机构办公地址、法律援助申请材料和工作流程等信息。有条件的地方，司法行政机关可以根据工作需要在当地仲裁院设立法律援助工作站，或在当地公共法律服务中心设立调解仲裁法律援助窗口。人力资源社会保障部门要为设立在当地仲裁院的法律援助工作站提供工作场所，配备办公设备、服务设施等。财政部门要完善调解仲裁法律援助经费保障机制，省级财政要提供经费支持，市、县级财政要将法律援助经费纳入同级财政预算，根据地方财力和办案量合理安排经费，适当提高法律援助补贴标准并及时支付。

二、扩大调解仲裁法律援助范围。在法律援助对象上，司法行政机关要综合考虑当地法律援助资源供给状况、困难群众法律援助需求等因素，推动法律援助逐步覆盖低收入劳动者，重点做好农民工、工伤职工和孕期、产期、哺乳期（以下简称“三期”）女职工的调解仲裁法律援助工作。在法律援助事项上，司法行政机关要在《法律援助条例》规定的请求支付劳动报酬、给予社会保险待遇等事项基础上，推动有条件的地方将经济补偿、赔偿金等涉及劳动保障事项纳入法律援助补充事项范围。在仲裁院设立法律援助工作站的，工作站可以配合仲裁院开展法律知识宣讲、以案释法等活动，引导劳动者依法维权。

三、规范调解仲裁法律援助程序。加强调解仲裁法律援助工作标准化规范化建设，建立健全调解仲裁法律援助工作机制。在仲裁院设立法律援助工作站的，对来访咨询，工作站接待人员应当登记受援人基本信息和联系方式，全面了解案件事实和受援人法律诉求，对咨询事项符合法律援助条件的，应当告知其申请法律援助的条件和程序，指导其申请法律援助；对咨询事项不属于法律援助的，应当为受援人提出法律建议；对咨询事项不属于法律问题或者与法律援助无关的，告知受援人应咨询的部门或渠道。

四、健全便民服务机制。简化审查程序，对建档立卡贫困劳动者和申请支付劳动报酬、工伤赔偿的农民工，免予经济困难审查。开辟法律援助“绿色通道”，对农民工、工伤职工、“三期”女职工等重点服务对象申请法律援助的，加快办理进度，有条件的当日受理、当日转交。对情况紧急的集体劳动争议案件，可以先行提供法律援助，事后补交申请材料、补办相关手续。

五、加强组织领导。各地要将开展调解仲裁法律援助工作作为完善劳动人事争议多元处理机制的重要工作来抓，将其纳入当地为民办实事清单。人力资源社会保障部门与司法行政部门要加强沟通协调和工作对接，形成工作合力。要建立健全联席会议、工作信息通报机制，定期交流工作情况，总结推广经验做法，共同研究解决工作中遇到的问题。要加强监督管理，对调解仲裁法律援助工作站履行职责、服务质量、工作绩效、规范化建设等加强指导监管。鼓励和支持社会力量通过多种方式依法有序参与调解仲裁法律援助工作。

人力资源社会保障部
司法部
财政部
2020年6月22日

注意事项

（1）不是每篇公文都涉及全部内容，视规定和需要而定。例如：公告、通告不加“文头”，“会议纪要”无需公章。

（2）涉及国家机密的公文，应标注密级和保密期限；紧急公文依据紧急程度标注“特急”“急件”，一般在与密级、保密期限相近的醒目位置；发文机关标志的位置在文头正中，使用全称或规范简称，联合行文，主办机关在前。

（3）发文字号应当包括机关代字、年份、序号。联合行文，只标明主办机关发文字号。标注位置在发文机关标志之下，接近界限栏的位置。上行文应当标明签发人、会签人姓名。其中，请示应当在附注处注明联系人姓名及电话。签发人的标注位置与发文字号的位置在同一行。

（4）主体的第一项内容是公文标题，位置在“界限栏”下方正中，应当准确、简要地概括公文的主要内容并标明公文种类，一般应当标明发文机关。公文标题中除法规、规章的名称应加书名号外，一般不用标点符号。

（5）主送机关指公文的主要受理机关，位置在公文标题之下，顶格，应当使用全称、规范化简称或同类型机关统称。公文如有附件，应当注明附件的顺序及名称。标注的位置在正文之下，空一行，空两格。

（6）除“纪要”外，还应加盖公章。联合上报的公文，由主办机关盖章；联合下发的公文，发文机关都要盖章。盖章位置在正文之下，发文日期之上。

（7）公文成文日期以负责人签发日期为准，联合行文以最后签发机关负责人的签发日期为准。电报以发出日期为准。公文如有附注，位置在公文成文日期之后。文尾部分的第一项内容是附注。位置在成文日期之下，空两格。

（8）抄送机关指除主送机关外，需要执行或知晓公文内容的其他机关，位置在印发机关和印发日期上一行、左右各空一字编排。

（9）印发机关标注在抄送机关之下，用横线隔开。公文印发日期位置与印发机关同行。公文文字由左至右、横排，民族自治地区可并用。公文用A4纸，左侧装订。

项目一
通　告

办文情境

王欣是××律所的律师助理，一天，他接到了一个文书拟写的任务，情况如下：受市场影响，加之××有限公司经营不善，拟与北京××外贸有限公司进行兼并。为了促进经营的合理化，经双方认真论证和商定，并报请有关主管部门批准，双方同意兼并，并以“北京××外贸公司”为存续公司，××有限责任公司为解散公司。兹定于2021年3月12日为兼并日。自兼并日起，××有限责任公司一切权利、义务和债务，悉由续存公司承担。依据《中华人民共和国公司法》规定，凡××有限责任公司的债权债务人，如有异议，请在本通告发布之日起三个月内提出，逾期无效。

学习任务

结合办文情境，拟写兼并通告。

任务分析

《党政机关公文处理工作条例》规定：通告是“适用于在一定范围内公布应当遵守或者周知的事项”的公文。

通告是社会组织广泛使用的告知性公文，凡涉及国家政策法令、日常工作事项和社会生活中的一些具体事务，都可以行文。其内容具体，业务性和针对性强。其行文对象有限，告知事项范围是辖区内的单位和人员，告知对象范围较窄，仅限于“在一定范围内公布”需要知道的情况、值得注意的事情、应当遵守的规定等。发文单位广泛，各级社会组织都可以发布。办文情境中的存续公司，其需要尽快在本地区社会范围内公布兼并事项，周知其债权债务人等有关人士和单位，让当地公众了解兼并事宜，以便遵守执行有关规定，妥善处理解散公司债务问题，按照《条例》，应该用“通告”行文。

基础知识

一、通告的适用范围

通告适用于在一定范围内公布应当遵守或者周知的事项，使用范围非常广泛，各级政府及其职能部门，各企事业单位、社会团体都可以使用。

二、通告的种类

1. 告知性通告

社会组织在执行公务过程中有许多情况需要社会有关方面知晓，以便相互配合，内容一般是业务性和单一性的。通告公布的事项不具备行政约束力，仅供知晓。

2. 制约性通告

制约性通告用于向社会公布有关单位和人员应当遵守的事项，具有政策性和法规性，如交通管制、查禁违禁物品等令行禁止事项，有强制性和行政约束力。

三、通告的结构与写法

1. 标题

通告的标题一般有以下几种组成方式：

（1）发文机关+事由+文种。
（2）发文机关+文种。
（3）事由+文种。
（4）只写文种，这种形式多用于单位内部张贴。

2. 编号

（1）流水号，如（第×号），也可以不加括号。
（2）年份与流水号，如（2023年1号），也可以不加括号。
（3）党政公文发文字号，机关代字+年份+顺序号，如××政发〔2023〕1号。
（4）无编号。

3. 正文

（1）发文缘由。阐明发文的原因、目的或意义、根据。若是法规政策类通告，要写清法律或政策依据。然后，用“特通告如下”或“现通告如下”自然过渡到下文。

（2）通告事项。写明通告具体内容，着重讲清楚需要周知和遵守的事情。如果是内容较简单的周知性事项通告，可以篇段合一，一气呵成。若是要求遵守事项或法规性的通告，一般采用条款式，分条列项地写清楚，以便于告知对象理解领会，遵照执行。

（3）结尾。提出号召、希望、要求，或者点明执行时间、范围和有效期，再以“特此通告”等结语收束，也可以最后一条事项作结。

通告属于泛向行文，面向社会组织内外的公众发布，受文对象相对广泛，一般不必写抬头，没有主送机关。

4. 署名及成文日期

在正文（或附件说明）右下方写明发文机关名称及发文的年、月、日，并加盖印章。

例文示范

例文1

教育部高等教育教学评估中心
中国工程教育专业认证协会
关于参加工程教育认证有关事宜的通告
工程教育认证通告〔2019〕第2号

为规范工程教育认证工作，根据有关法律法规、国际规则以及认证工作规章制度，现就有关事项通告如下：

1. 为提高工程教育质量，根据国际通行做法，我国建立了有中国特色并与国际实质等效的工程教育认证制度。认证工作坚持把立德树人作为根本要求，把不断提高工程教育质量作为不懈追求，实现理念一致、标准接轨、过程可比、结果互认。

2. 根据《工程教育认证办法》，工程教育认证遵循自愿原则，由相关高校向中国工程教育专业认证协会（以下简称认证协会）提交专业认证申请。每年9月底前发布下一年度认证申请通告。认证专业包括教育部《普通高等学校本科专业目录（2012年）》中的基本专业、特设专业和国家控制布点专业。申请专业要求有三届以上（含）毕业生。认证协会正努力扩大认证专业范围，尽早覆盖所有工科专业领域。

3. 根据《华盛顿协议》规则，认证协会经教育部授权开展工程教育认证，且唯有其认证结果才能在《华盛顿协议》框架内互认，其他任何组织在中国大陆开展的认证，在《华盛顿协议》体系内不具互认意义。

4. 根据《中华人民共和国境外非政府组织境内活动管理法》有关规定，境外非政府组织境内活动（含专业认证）需依法开展，提醒广大高校遵守国家法律法规，依法履行有关程序。

特此通告。

教育部高等教育教学评估中心
中国工程教育专业认证协会秘书处
2019年9月4日

例文2

山西省高级人民法院　山西省人民检察院　山西省公安厅　山西省司法厅
关于敦促被执行人自觉履行生效法律文书确定义务的通告

为深入推进“三晋执行利剑”集中攻坚行动开展，依法保障胜诉当事人及时实现合法权益，维护法律尊严和司法权威，依照《中华人民共和国刑法》《中华人民共和国刑事诉讼法》等法律规定，根据中共中央办公厅、国务院办公厅《关于加快推进失信被执行人信用监督、警示和惩戒机制建设的意见》和山西省高级人民法院、山西省人民检察院、山西省公安厅《关于办理拒不执行生效判决、裁定刑事案件的指导意见》等有关规定，现敦促全省各级法院执行案件的被执行人自觉履行生效法律文书确定的义务，特通告如下：

一、人民法院依法作出的生效判决、裁定，体现了国家意志和法律权威，被执行人应当自觉主动履行，具有协助执行义务的自然人、法人和其他组织必须积极协助配合人民法院执行工作。

二、凡在山西省三级法院立案执行且尚未履行或未履行完毕生效法律文书确定义务的被执行人，应自觉到执行法院申报财产并主动履行义务，接受、配合人民法院的强制执行，不得规避、妨碍、抗拒人民法院的强制执行。

三、在法定期限内既不申报财产又不主动履行法律义务的被执行人，人民法院将依法对其采取限制高消费和纳入失信被执行人名单措施，并与公安、市场监管、行政审批、金融机构、航空、铁路等相关部门进行联合惩戒。对失信被执行人采取限制贷款、投资、特定行业任职，限制申请政府补贴资金和社会保障资金，限制参与建设项目招标、购买房产土地，限制招录为公务人员、入党入伍、评优晋级，限制担任党代表、人大代表及政协委员候选人，限制出入境、星级酒店食宿、旅游度假，限制乘坐飞机、列车软卧、G字头动车组全部座位、其他动车组列车一等以上座位，以及媒体公开曝光等惩戒措施，直至其全部履行义务为止。

四、被执行人在法定期限内不自觉履行义务，规避、妨碍和抗拒人民法院强制执行的，人民法院将依照《中华人民共和国民事诉讼法》有关规定采取罚款、拘留等强制措施。涉嫌构成拒不执行判决、裁定罪、拒不支付劳动报酬罪、妨害公务罪以及非法处置查封、扣押、冻结的财产罪的被执行人和相关人员，全省各级法院、公安、检察机关将依照《中华人民共和国刑法》《中华人民共和国刑事诉讼法》及有关法律规定，坚决依法追究被执行人和相关人员的刑事责任。

五、对确有履行能力而不履行或者不全部履行生效刑事裁判中财产性判项的罪犯，按照《最高人民法院关于办理减刑、假释案件具体应用法律的规定》，在减刑时从严掌握，不予假释。

六、负有协助执行义务的单位或者个人，拒绝或妨碍人民法院调查取证，或有给当事人通风报信，协助其转移、隐匿财产等行为，除责令其立即履行协助义务外，将依法予以罚款、拘留，构成犯罪的，依法追究其刑事责任。

七、具有公职人员等特定身份的被执行人，应当模范遵守国家的法律法规，自觉履行生效法律文书确定的义务。人民法院对拒不履行生效法律文书确定义务的特定身份被执行人，除依法采取强制执行措施外，还将向相关部门予以通报，由有关职能部门依纪依法严肃处理。

八、申请执行人应积极提供被执行人财产线索，并充分行使《最高人民法院关于审理拒不执行判决、裁定刑事案件适用法律若干问题的解释》赋予的提起刑事自诉的权利，最大限度保护自身合法权益。

九、欢迎和鼓励社会公众踊跃举报被执行人的财产线索和下落，协助监督被执行人的高消费行为。举报人提供的财产线索经查证属实并实际执行到位的，人民法院将根据悬赏公告予以奖励，并严格为举报人保密。

诚信是立身之本，守法是公民义务。在此，我们严厉敦促所有应当履行而未完全履行生效法律文书确定义务的被执行人，主动向债权人或者到执行法院履行义务；郑重告诫所有被执行人，采取任何方式消极履行，逃避、妨碍、抗拒人民法院强制执行的，将会付出经济上、信用上及人身自由上的代价，在社会活动中处处受限、寸步难行。

特此通告。

山西省高级人民法院　山西省人民检察院

山西省公安厅　山西省司法厅

2022年7月19日

例文3

广东省佛开高速公路有限公司通告

因佛开高速公路扩建工程建设用地需要，定于2021年10月10日零时起关闭佛开高速公路大雁山服务区（含加油站）及大雁山互通立交往开平方向匝道，敬请过往司乘人员知照。

特此通告。

广东省佛开高速公路有限公司（印）

2021年9月25日

注意事项

通告与公告的区别：

（1）范围不同。公告告知对象最广泛，传播面向国内外，通告的告知范围有限，仅仅是“一定范围内公布应当遵守或周知的事项”。

（2）发布内容不同。公告发布内容事关重大，政治性强。通告内容相对来说没有公告重要，多是业务工作方面的事项，业务性较强。

（3）性质不同。周知性是公告的最主要特征，除周知性之外，通告还具有强制性和约束性。

（4）发布机关不同。公告是以国家名义向国内外宣布重大事项和法定事项，发文机关级别比较高，一般由国家高级领导和权力机关发布，或者授权法定的政府职能部门制发。通告发文单位较广泛，各级社会组织都可以制发，使用频率更高。

（5）发布方式不同。公告事关国家大事，以最先进的电视、电台和报纸等新闻媒介为传播载体。通告既可登报，又可通过书面布告，常见于闹市、交通要道等。

		公告	通告
相同点		通告与公告同属知照性公文，二者都具有晓谕性和公布性	
不同点	适用范围	用来向国内外宣布重要事项和法定事项的，其发布范围大，可面向全国，甚至面向全世界。涉及内容多是国家大事或省级、市级的行政大事，或者是履行法律规定必须遵守的程序	用来发布一定范围内需要遵守或须周知的事项，虽然它也面向社会发布，但多限定在一个特定范围，其要求这一范围内的某一类特定人群遵守或周知，它所涉及的事项虽然也很重要，但一般没有公告那么重大，多属事务性内容
	发文机关	发文机关级别高，多为中央和国家机关、地方行政机关等，基层单位不能制发公告	其发布不受发文机关级别的限制，上至中央和国家机关，下至基层企事业单位、社会团体等，都可在自己的职权范围内发布通告
	发布方式	一般不以红头文件的方式发文，也不公开张贴，而是通过报纸、广播、电视等新闻媒介予以发布	可根据需要，或通过新闻媒体发布，或以公文形式发布，或公开张贴

习作训练

1. 判断下列情况应用哪种公文行文，然后拟出标题。

（1）某港务局告知在某水域通过的船只，注意减速避让水文测验船只。

（2）全国人大告知某领导职务的选举结果。

（3）国务院宣布采取新税制的有关事项。

（4）××市税务局告知征收2022年度税款事项。

2. 完成办文情境的写作任务。

项目二
通　知

办文情境

小李是××市司法局的办公室秘书，一天，主任交给他一份材料，是其所在的市人民政府12月备案登记的行政规范性文件目录，要求他拟写一则通知，下发给各区司法局、市政府有关部门法制机构。通知该如何拟写？除了印发文件，还有其他用途吗？小李必须要对通知的写作要求有全面的了解。

学习任务

拟写一则通知。

任务分析

《党政机关公文处理工作条例》规定：通知适用于发布、传达要求下级机关执行和有关单位周知或者执行的事项，批转、转发公文。

通知是在公务活动中使用最普遍的公文，适用范围极其广泛，不受发文机关的级别高低限制。无论是上级机关的重要决策，还是日常的工作，都可以使用通知进行传达、部署或告知。通知行文简便，写法多样，时效性强，所传达的事项往往要求受文单位及时知晓或迅速办理。

基础知识

一、通知的适用范围

《条例》规定：通知适用于发布、传达要求下级机关执行和有关单位周知或者执行的事项，批转、转发公文。

二、通知的分类

1. 发布性通知

除重要的法律性文件用命令颁布外，多数法规和规章性文件，如条例、规定、办法、细则、实施方案等，都适用于通知发布。

2. 执行性通知

执行性通知又称规定性通知或布置性通知，主要用于传达指示、布置工作。凡是需对某一事项进行处理、对某一问题作出指示，又不适合用命令、决定的形式行文时，均可用通知的形式进行处理。这类通知带有指示性与指导性，需要下级机关贯彻执行。

3. 晓谕性通知

晓谕性通知主要用于告知有关单位或人员某一具体事项，是机关日常工作中经常会用到的公文文种。其用途比较广泛，人事调整，启用、作废公章，组织召开会议，机构名称变更，机关隶属关系变更，迁移办公地址，安排假期等，都可使用这种通知。

4. 批转、转发类通知

在所有公文中，只有通知具有批转与转发文件的功能。批转性通知主要用于上级机关将某一下级机关报来的文件批转给其他有关下级机关周知或执行；转发性通知主要用于下级机关将上级机关或不相隶属机关发来的文件转发给所属机关人员周知或执行。

5. 会议通知

严格来说，会议通知属于晓谕性通知的一种。因为用量较大，写法上已经自成一体，所以单独列为一类。

三、通知的特点

1. 功能多样

在公文中，通知的功能最为多样，可以用来发布规章、传达指示、布置工作、晓谕事项、批转和转发文件等。从行文方向上来讲，通知一般作下行文使用，具有指挥、指导作用；但也可以作平行文，用在平级机关和不相隶属机关之间，主要起知照作用。

2. 使用广泛

通知是机关使用最频繁的公文文种，适用范围非常广泛。从发文机关级别来看，大到国家级的党政机关，小到基层的企事业单位，都可以发布通知；从内容来看，上至传达全国性重大事项，发布重要法规、规章，下至单位内部告知一般事项，都可用通知行文。

3. 讲究时效

通知是一种制发比较快捷、运用比较灵便的公文文种，它所要求办理的事项，都有比较明确的时间限制，受文机关要在规定的时间内办理完成或遵照执行，不容拖延。

四、通知的结构与写法

1. 标题

（1）发文机关+事由+文种。

（2）事由+文种。

有时，因通知的内容非常重要，或需要被通知单位尽快知晓，拟订标题时可在“通知”前加上“重要”“紧急”等词语。

2. 主送机关

通知的发文对象广泛，主送机关往往较多，由于各机关的级别、名称不同，在拟写时一定要注意其排列的规范性。如《关于解除国家公务员行政处分有关问题的通知》的主送机关是：“各省、自治区、直辖市人事（人事劳动）厅（局）、监察厅（局）；国务院各部委、各直属机构人事（干部）部门、监察局（室）”，排列就非常规范。遇到这种情况，需要仔细考虑、认真确定主送机关的称谓和排列顺序。

3. 正文

不同类型的公文，其正文部分的结构、写法也有所不同：

（1）发布性通知。

发布性通知的正文部分比较简单，多数情况下篇段合一。一般先说明发布规章的目的、根据，然后写明发布事项，最后提出执行要求。

（2）执行性通知。

执行性通知正文部分的内容一般比较复杂。开头需简明扼要交代发文的背景、依据、目的、意义等；主体部分具体阐述所传达的指示、所安排的工作及开展工作的方法、措施和步骤等，内容较多的常分条列项来写，显得清晰明了；结尾可提出贯彻执行的要求，也可省略不写。

（3）晓谕性通知。

“有关问题通知如下”等惯用语过渡到主体部分；主体部分写明需告知的具体事项，或对有关事宜作出具体安排；最后用“特此通知”收尾，或省略结语。有的晓谕性通知需在文尾列出新成立的组织成员名单，以及改变名称或隶属关系之后职权的变动情况等。

（4）批转、转发性通知。

这类通知正文部分的写法比较简单，主要由转发对象、转发决定、执行要求组成。需要注意的是，在所有公文中，只有通知具有批转与转发文件的功能。批转性通知主要用于上级机关将某一下级机关报来的文件批转给其他有关下级机关周知或执行；转发性通知主要用于下级机关将上级机关或不相隶属机关发来的文件转发给所属机关人员周知或执行。

（5）会议通知。

开头需简明扼要地交代发文的背景、依据、目的、意义等；主体包括会议的主题、时间、地点、人员要求、经费等，内容较多的常分条列项来写；结尾可提出贯彻执行的要求，也可省略不写。

4. 发文机关署名、成文日期和印章

在正文（或附件说明）右下方写明发文机关名称及发文的年、月、日，并加盖印章。

例文示范

例文 1

最高人民法院办公厅
关于印发《人民法院办理执行案件“十个必须”》的通知

各省、自治区、直辖市高级人民法院，解放军军事法院，新疆维吾尔自治区高级人民法院生产建设兵团分院：

现将《人民法院办理执行案件“十个必须”》予以印发，请认真遵照执行。

最高人民法院办公厅
2021 年 11 月 11 日

人民法院办理执行案件“十个必须”

一、必须强化政治意识、宗旨意识，筑牢政治忠诚，践行执行为民，严禁“冷硬横推”、“吃拿卡要”、作风不正；

二、必须强化纪法意识，严守纪律规矩，严禁有令不行、有禁不止、弄权谋私、执行不廉；

三、必须严格遵守“三个规定”，严禁与当事人、律师不正当交往，违规干预过问案件；

四、必须高效公正执行，严禁消极执行、拖延执行、选择性执行；

五、必须规范文明执行，严禁违规评估、拍卖，超标的查封，乱执行；

六、必须严格把握无财产可供执行案件的结案标准，严禁未穷尽执行措施而以终结本次执行方式结案、应恢复执行而不及时恢复；

七、必须全面实行执行案款“一案一账号”管理模式，具备发放条件的十五个工作日内完成案款发放，严禁截留、挪用、超期发放；

八、必须接访即办，件件有录入、事事有回应，严禁敷衍塞责、程序空转、化解不到位；

九、必须深化执行公开，关键节点信息实时推送，严禁暗箱操作、权力寻租；

十、必须强化执行权监督制约，自觉接受各方监督，严禁恣意妄为、滥用职权。

例文1分析：

这是印发通知，属发布通知的一种。这种通知所发布的法规规章包括各级党政领导机关制定的法规和规章，如条例、规定、办法、细则等。对于多数中小机关、企业、团体来说，用印发通知形式来发布的，多属“类规章性文件”，如意见、通知等公文，以及指示、方案、计划等广义公文。

例文2

××市财政局工会
关于召开工会工作研讨会的通知

市财政局所属各分工会：

为了更好地落实市财政局“××”会议精神，实践××行动计划，组织发动职工积极投身于这一行动中来，振奋精神、克服困难、求真务实，市财政局工会决定召开全市财政系统的工会主席研讨会。现就具体事项通知如下：

一、会议任务：

（一）加强工会管理，认清目前形势，正视困难、统一思想、提高认识、明确任务。

（二）共同探索市财政局系统的工会工作，明确今年下半年的工作任务。

二、参加人员：各工会主席或工会负责人。

三、会议时间：2023年7月3日上午9点报到。会期一天，当天下午结束。

四、会议地点：市财政局招待所会议室。

五、发送回执时间和方式：于2023年6月26日前将回执填好后发送给总部工会。

六、参会要求：

（一）参会人员安排好工作，准时参加。

（二）会议期间要对以下几方面工作进行交流与沟通，请做好准备。

1. 本单位工会组织建设情况（基本情况和组织建制）。

2. 本单位工会2023年上半年工作完成情况及下半年工作计划。

3. 本单位民主管理情况。

4. 本单位经济技术创新活动开展情况和总结评比工作情况。

5. 本单位工会工作中的难点。

望各分工会尽早确定参会人员，发送会议回执，便于总工会安排相关事宜。

七、联系电话：（×××）××××××××；联系人：×××；电子邮箱：×××××@sina.com.cn。

特此通知。

附件：会议回执

（××市财政局工会印）

2023年6月23日

例文2分析：

这是一则会议通知。会议通知内容一般包括会议名称、会议时间、地点、内容、参加人员、报到的时间地点、携带材料和文件等内容。其格式比较固定，只要把上述内容交代清楚便可。不过，按照公文格式撰写的会议通知必须注意：

（1）结构要完整。由标题、主送单位、正文、发文机关与时间、联系人及电话等组成，缺一不可。周知性会议通知可不写受文对象，但应在事项中说明出席的有关人员。

（2）内容要全面。要具备会名、开会时间、日期、地点、会议召开原因、议题、参加人员、入场凭证、报到时间及地点、注意事项等。有些还要写明赴会的交通路线及交通工具营运班次等，以方便远方到会的人员。

（3）通知事项要清楚。所交代的每一事项都应明确具体，切勿含糊不清。如开会时间不能只写某月某日，还应写明上午或下午某时某分。参加会议人员不能笼统写成“有关负责同志”，应写明出席对象及其职务、与会人数等。

例文3

教育部办公厅等五部门关于贯彻落实
《中小学法治副校长聘任与管理办法》的通知
教政法厅函〔2022〕2号

各省、自治区、直辖市教育厅（教委）、高级人民法院、人民检察院、公安厅（局）、司法厅（局），新疆生产建设兵团教育局、新疆维吾尔自治区高级人民法院生产建设兵团分院、新疆生产建设兵团人民检察院、公安局、司法局：

2021年12月，按照中央政法委要求并经商最高人民法院、最高人民检察院、公安部、司法部同意，教育部制定了《中小学法治副校长聘任与管理办法》（中华人民共和国教育部令第52号，以下简称《办法》），2022年5月1日起施行。为推动《办法》的贯彻落实，现就有关要求通知如下。

一、加强宣传，提高认识

各地教育部门、法院、检察院、公安机关、司法行政部门等要高度重视，主动担当、积极作为、细化责任，将贯彻落实《办法》、加强中小学法治副校长工作作为贯彻落实习近平法治思想的重要举措，作为履行保护未成年人法定职责的重要方式。要通过多种方式大力开展《办法》的学习宣传活动，确保各相关部门、各中小学校准确理解《办法》精神、准确把握工作要求。要以贯彻落实《办法》为切入点，推动提升学校治理能力，强化学校安全保障，提高学校育人水平。

二、深化协作，形成合力

各地要建立健全协同机制，形成深入推进中小学法治副校长工作的合力，切实将《办法》转化为共同做好工作的生动实践，提升中小学法治副校长工作的科学化、制度化水平。积极探索建立、实施由教育部门、法院、检察院、公安机关、司法行政部门等参加的学校法治副校长工作联席会议制度，加强日常联系沟通，统筹推进法治副校长的聘任与管理工作。法院、检察院、公安机关、司法行政部门等要健全遴选机制，推荐政治素质好、业务能力强、热心教育事业的人员担任法治副校长，为其开展工作创造条件，强化履职保障和表彰奖励力度，激励法治副校长履职尽责。教育部门要主动对接本地中小学法治副校长聘任需求，积极会同有关部门加强聘任管理，制定实施法治副校长培训方案和规划，创新培训方式，丰富培训内容，提升培训效果；要健全考核机制，对履职成绩显著的法治副校长，要积极向派出机关反映并以多种形式予以鼓励和支持。学校要按照《办法》规定为法治副校长履职提供必要的便利条件，建立有效的沟通联络机制和日常工作协调机制，及时与法治副校长沟通，积极支持、配合其开展工作。

三、强化落实，突出实效

各地要扎实推进《办法》的贯彻落实，统筹开展好本地区学校法治副校长的聘任与管理工作。各相关部门要激励法治副校长深入了解教育教学规律，强化履职责任担当，切实提升能力素养，主动对接学校和师生需求，充分发挥派出机关和法治副校长工作优势，积极推进解决中小学校面临的急难愁盼的问题。要以法治副校长制度为重要载体，发挥各部门共同支持学校办学的作用，进一步完善学校安全区域制度等工作制度，将制度转化为治理成效。要通过落实《办法》，将法治副校长队伍打造成为推动学校提高治理能力和水平的重要支撑，打造成为保护未成年人合法权益、促进未成年人健康成长的重要力量，打造成为法院、检察院、公安机关、司法行政部门等有力支持学校工作、履行法定职责的重要品牌。

各地各相关部门要切实加强组织领导，持续推进《办法》的贯彻落实，为青少年学生的健康成长保驾护航。各地各校要及时总结开展中小学法治副校长工作中的好经验、好做法。学习宣传和贯彻实施中反映出的问题和有关工作建议，请及时报送教育部（政策法规司）。

教育部办公厅　最高人民法院办公厅　最高人民检察院办公厅

公安部办公厅　司法部办公厅

2022年1月15日

例文3分析：

这是一则执行性通知，基本写法如下：

（1）标题。一是由发文机关名称、事由和文种组成；二是由事由和文种组成。

（2）开头。交代通知的缘由和目的，说明为什么发通知，或者当前存在的问题；也可写明发文依据、任务和目的是什么。语言要简洁，篇幅不宜过长。

（3）主体。主体即事项部分，把通知具体内容一项一项列出来，将所布置的工作或需周知的事项，包括处理问题的原则，具体的措施、办法、规定等内容阐述清楚，使收文单位了解通知的事项，明白做什么、怎样做。一般由“现就有关事项通知如下”承转按语领起，具体事项说明可加序码分条列项地写出，条与条之间的排列要注意内在联系，每一条的首句应是该条的主题句，以便受文单位抓住要领执行办理。

（4）结尾。提出贯彻执行要求，一般习惯用“请遵照执行”“望认真贯彻执行”“请研究贯彻”等作结，也有不单独结尾，以正文完结收束全文。如果是内容简单的一段式知照性通知，用“特此通知”结尾。

注意事项

1. 写作要求

（1）内容要明确具体，重点突出。

（2）条理要清晰，逻辑要严密。

（3）语言要通俗易懂，明白流畅。

2. 通知与通告的区别

区别	通知	通告
适用范围不同	可以用来发布规章、传达指示、安排工作、告知事项、批转和转发文件等，功能多样，适用范围比通告大得多	用于一定范围内公布应当遵守或者周知的事项，功能比较单一
受文对象不同	一般是与通知内容直接有关的单位或人员，对象明确，因而具有专指性	一定范围内的公众，因而具有普遍告知性
发布形式不同	通知一般是内部行文，不公开发布	一般是通过媒体公开发布，或在公共场所张贴，也可以是内部行文

习作训练

1. 通知与通告的相同之处是________。(多选)

A. 都是下行文

B. 都用来传达上级机关的意图与要求

C. 都要求下级机关或有关人员遵守、了解并配合执行

D. 都有约束力

2. 出现以下哪种情况应使用批转型通知? ________。(单选)

A. 上级机关认为下级机关的请示、报告、总结等所反映的情况和问题对全局有普遍意义，可以借以指导面上的工作

B. 有些下级机关需要解决的问题涉及平行的或不相隶属的机关，请求上级批转下发，以推动那些需要合作完成的工作任务

C. 平级机关、不相隶属的机关的公文材料需转发

D. 转发上级机关的批复、通知等

3. 修改下面的一则会议通知。

××县关于召开经济工作会议的通知

各镇（乡）、局（行）、厂矿：为总结经验，加速振兴我县经济的步伐，县政府解决在本月中旬召开经济工作会议，现将有关事项通知如下：

（一）参加会议人员为各单位主管经济工作的主要负责人。

（二）参加会议人员应认真准备有关经济工作情况及今后工作打算的材料，以便在会上汇报或交流。

（三）参会人员应带齐日常生活用品及伙食费，并于15日5时到县政府报到。

（四）会议结束后，将布置今年下半年的工作安排。

以上通知，希遵照执行。

××县人民政府办公室

二〇××年五月

4. 完成办文情境的写作任务。

项目三
通 报

办文情境

小张是××市高级人民法院办公室秘书，一天，办公室主任交给了他一个任务，为进一步推进法院少年法庭工作高质量发展，近日，××市高级人民法院对在全市法院少年法庭工作中表现突出的××区人民法院刑事审判庭等11个先进集体、××市中级人民法院未成年人案件综合审判庭审判员李×等12名先进个人予以通报表扬。通报不是都用作批评吗？通报和通知有什么区别？该如何行文？这些是小张必须要解决的问题。

学习任务

拟写一份表彰通报。

任务分析

《党政机关公文处理工作条例》规定：通报是“适用于表彰先进、批评错误、传达重要精神和告知重要情况”的公文。

通报具有教育、警示、传达与沟通等功能，制发通报的意义在于：通过对典型性、有代表性的事例或情况予以表彰、批评、倡导或强调，引起人们的注意或警觉，在干部和群众中发挥宣传教育、启发引导、沟通情况、交流信息的作用。此外，其还可以指出工作中出现的一些值得注意的新情况、新问题、新经验等，以便有关单位尽早抓事故苗头，及时采取对策，指导和推动工作的开展。

为此，通报的写作必须选用经得起推敲的典型事实和具体数据来表达发文机关的观点，事例必须是客观存在的，经过反复调查，真实可靠，决不允许捏造虚构。行文侧重于对事实的陈述与分析评价，“据事说理”，以理服人是其写作要领。通报有很强的时效性，能及时将先进推广，对反面典型和错误予以揭露，引起警戒，或对某些重大事项和重要情况及时予以通报，起到交流情况信息、指导工作的作用。在实际工作中表彰先进典型，按照规定，要用表彰性通报行文。

基础知识

一、通报的适用范围

《条例》规定：通报适用于表彰先进、批评错误、传达重要精神和告知重要情况。

二、通报的特点

1. 典型性

不是任何人和事都可以作为通报的对象来写。通报的内容一般是工作中普遍存在但又具有典型性的事件，往往能够反映、揭示事物的本质规律，具有广泛的代表性和鲜明的个性，对工作具有较强的指导作用。

2. 教育性

无论是表彰先进，还是批评错误，或是传达重要精神、告知重要情况，其目的不仅仅是让人们知晓其内容，而且要从典型事件中受到启迪，学习经验，弘扬正气；或警戒错误，吸取教训；或了解情况，引起重视。这就是通报的教育性。

3. 时效性

通报都是针对当前工作中存在的情况和问题而制发的，具有极强的时效性。随着客观情况的变化，一件在当时看来具有典型意义的事件，时过境迁，未必仍然具有典型性。所以，通报能够真正发挥作用，达到宣传、教育的目的，与抓住时机、适时通报是分不开的。

三、通报的种类

（1）表彰性通报。主要是对好人好事、先进个人和集体进行表彰，号召人们学习其先进事迹，推广经验，改进工作。

（2）批评性通报。对错误行为，尤其典型的人和事，或某些严重过失事故等，进行批评并公布，教育人们吸取教训，防止类似事件的发生。

（3）情况通报。为使下级机关单位了解某阶段的工作情况，或某重大事件、活动的情况，从而指导工作的开展，往往用通报将有关情况予以公布。此类通报具有很强的针对性。

四、结构与写法

1. 标题

通报的标题有三种组成方式：

（1）发文机关＋事由＋文种。
（2）事由＋文种。
（3）发文机关＋文种。

2. 主送机关

除普发性的通报，其他通报都应标明主送机关。

3. 正文

（1）表彰性通报和批评性通报。

第一部分，通报缘由。无论是表彰还是批评，开头都要交代当事人的先进事迹或所犯错误的实际情况，这是通报的依据。

第二部分，分析评价。这是一份通报的重要组成部分，是对通报事件的理论概括。这部分内容的写作一般带有比较鲜明、浓重的感情色彩，所以要把握好分寸，避免过分的渲染和不切实际的褒贬。

第三部分，通报决定。对通报事件进行分析评价之后，往往要明确宣布对有关单位或人员进行表彰或批评的决定。

第四部分，期望和要求。

（2）情况通报。

第一部分，直接陈述被通报的情况。这类通报的开头一般不用长篇大论，主要是概述通报的内容，或书写总的情况，说明发文缘由、根据、目的。

第二部分，对通报情况进行分析评价，肯定取得的成绩，指出存在的问题。

第三部分，今后的打算或要求。

4. 发文机关署名、成文日期和印章

在正文（或附件说明）右下方写明发文机关名称及发文的年、月、日，并加盖印章。

例文示范

例文 1

最高人民法院办公厅关于
全国法院一站式建设优秀改革创新成果评选活动情况的通报
经办〔2023〕51 号

各省、自治区、直辖市高级人民法院，新疆维吾尔自治区高级人民法院生产建设兵团分院：

为深入学习贯彻党的二十大精神，深入贯彻习近平法治思想，全面总结宣传各级

人民法院通过一站式多元纠纷解决和诉讼服务体系建设，在服务党和国家工作大局、服务人民群众、服务社会治理、服务审判执行方面取得显著成效，能够充分彰显中国特色的改革创新成果，根据《最高人民法院关于在全国法院开展优秀业务成果评选活动暂行办法》（法办发〔2011〕9号），最高人民法院组织开展全国法院一站式建设优秀改革创新成果评选活动，并制订评选活动实施方案，专门发出通知，明确参评改革创新成果的范围和条件，确定评选标准。按照公开、公正、透明原则，经过初评、复评和社会投票三轮评审，评选委员会最终评选出一站式建设优秀改革创新成果40项。其中，广东省深圳市中级人民法院报送的“群众诉求 一站通办 在全国法院首设群众诉求服务专门机构”等10项一站式建设经验做法被评为“十大最受欢迎一站式建设改革创新成果”；湖南省浏阳市人民法院报送的“坚持系统思维 打造‘一心+五站’商事调解新模式”等10项一站式建设经验做法被评为“十大最具品质一站式建设改革创新成果”；安徽省滁州市中级人民法院报送的“科技赋能 智慧司法 网上退费‘001’系统实践探索”等10项一站式建设经验做法被评为“十大最具创新一站式建设改革创新成果”；重庆市高级人民法院报送的“全面设立‘人民法院老马工作室’打造一站式纠纷解决机制建设优秀品牌”等10项一站式建设经验做法被评为“十大最具特色一站式建设改革创新成果”。

希望各级人民法院始终坚持以习近平新时代中国特色社会主义思想为指导，全面贯彻落实党的二十大精神，深入贯彻习近平法治思想，以此次全国法院一站式建设优秀改革创新成果评选活动为契机，将党的二十大关于“建设覆盖城乡的现代公共法律服务体系”“健全城乡社区治理体系”等重大部署落实到深化人民法院一站式建设实践中，以“品牌创建年、服务提升年、数智赋能年”为主线，在减量强基、降本提速、促优增效方面下功夫，大力提升中国特色一站式多元纠纷解决和诉讼服务体系综合效能，推动中国特色一站式建设从“有”向“优”转变，为扎实推进中国式现代化，全面建设社会主义现代化国家提供有力司法服务和保障。

附件：全国法院一站式建设优秀改革创新成果评选活动获奖名单

最高人民法院办公厅

2023年2月2日

例文1分析：

这是一则表彰性通报。首先叙述先进事迹和经验，写出有关的时间、地点、人物、主要事迹、结果或经验，然后分析先进事迹或经验，加上简要的评价和对当前工作指导意义的分析，再就是表彰决定，明确交代领导机关给予表彰对象何种奖励；最后在结尾提出希望和要求，明确“现通报全单位表彰”，号召人们向先进集体或先进个人学习。

例文2

农业农村部办公厅关于长江流域重点水域违法捕捞典型案例的通报

农办长渔〔2020〕5号

上海、江苏、安徽、江西、河南、湖北、湖南、重庆、四川、贵州、云南、陕西、甘肃、青海省（市）农业农村厅（委）：

长江流域重点水域禁捕是“为全局计、为子孙谋”的重大决策，是落实“共抓大保护、不搞大开发”的有力举措。今年以来，长江流域重点水域各级地方渔业主管部门及渔政执法机构认真贯彻落实党中央、国务院决策部署，会同公安等相关部门扎实开展禁捕等专项执法行动，重拳打击非法捕捞，严肃查处了一批违法违规案件。据不完全统计，今年1—6月，长江流域重点水域各级渔政执法机构先后开展执法行动2.99万次，出动执法人员22.04万人次，查办违法违规案件1.03万起，查获涉案人员1.22万人次，向司法机关移送涉嫌犯罪案件2537起、移送涉案人员3509人次，没收非法捕捞渔获物200.82吨，清理取缔涉渔“三无”船舶8214艘、违规网具23.15万张（顶）。为强化警示教育，提升法律震慑，我部从长江流域重点水域各级渔政执法机构今年查处的违法违规捕捞案件中选取了10起典型案件，现将有关情况通报如下。

一、湖南省永州市唐某元等2人在禁渔区使用电鱼方法违法捕捞并逃逸案

7月12日，湖南省永州市祁阳县渔政执法机构采取踩点、蹲守及无人机巡查等方式，在湘江祁阳黄泥塘段查获唐某元、王某放等2人在禁渔区使用电鱼船进行捕捞，现场查扣并放归非法渔获物10余公斤，同时查扣电鱼船2艘、电鱼设备2套。唐某元等2人弃船逃逸。因唐某元等涉嫌构成非法捕捞水产品罪，渔政执法机构将案件相关证据资料移交公安机关。祁阳县公安局于当日将犯罪嫌疑人唐某元、王某放抓捕归案，目前该案在进一步审理中。

二、重庆市江津区刘某、古某等团伙违法捕捞、运输、销售水产品案

（略）

三、四川省宜宾市唐某等团伙违法捕捞、收购、销售野生水产品案

（略）

四、云南省昭通市杨某祥等2人在禁渔期使用电鱼方法违法捕捞案

（略）

五、安徽省马鞍山市李某保等2人在禁渔期使用“三无”船舶违法捕捞案

（略）

六、湖南省岳阳市余某辉等4人驾驶“三无”船舶使用电鱼方法违法捕捞案

（略）

七、江苏省泰州市梁某刁等4人在禁渔区使用电鱼方法违法捕捞案

（略）

八、江西省赣州市钟某等2人在禁渔区使用电鱼方法违法捕捞案

（略）

九、上海市长江口水域陈某违法捕捞鳗苗案

（略）

十、湖北省武汉市王某银等4人禁渔期违法捕捞案

（略）

上述10起案件，严重违反了相关渔业法律法规，对这些案件予以严肃查处，充分体现了渔业渔政部门执法必严、违法必究的鲜明态度和坚定决心。下一步，长江流域重点水域各级渔业渔政部门要继续会同公安部门严厉打击各类非法捕捞行为，维护长江流域重点水域禁捕秩序，为坚决打赢长江流域禁捕攻坚战提供坚实保障。

农业农村部办公厅

2020年7月28日

例文2分析

批评性通报的写法有三个要点：一是围绕通报批评的问题，如实披露错误事实真相。说明错误发生的时间、地点、人物、经过和结果，交代清楚造成损失的严重程度及有关数字。二是针对错误事实分析原因，点明性质与危害，指出违反了哪些政策和法令以及因此从中吸取什么教训。三是依据错误的事实，以有关规章制度为准绳，说明对错误的直接责任者作出的行政或经济处罚。行文应注意处理决定要有理有据，令人信服，引导人们从错误中吸取教训。结尾部分通过对错误的处理，要求当事人正确对待错误，对受文对象提出要求和告诫，即要求其吸取教训，引以为戒。

例文3

海淀区住房和城乡建设委员会
关于对海淀区3项建设工程疫情防控
和安全生产措施落实不到位情况的通报

海淀区各建设工程施工现场：

为进一步加强施工现场疫情防控，督促各参建单位落实施工现场疫情防控和安全生产主体责任，市、区住建委对建设工程施工现场疫情防控和安全生产情况进行执法检查，市住建委执法检查中发现以下3项工程疫情防控和安全生产措施落实不到位，存在一定的风险和隐患。现将情况通报如下：

1. 魏公村小区棚户区改造项目

建设单位：北京天地助房地产开发有限公司

监理单位：北京日日豪工程建设监理有限责任公司

施工单位：中建八局第三建设有限公司

（1）施工现场正在作业的1台移动式起重机（京AGZ516）未配备信号工。

（2）工人宿舍存放有1个电饭锅，电线有私拉私接的现象。

（3）返京人员隔离室设置不符合要求，宿舍人员信息更新不及时。

（4）施工现场出入场登记信息不规范。

2. 北京市轨道交通昌平线南延工程土建施工01合同段

建设单位：北京市轨道交通建设管理有限公司

监理单位：中铁华铁工程设计集团有限公司

施工单位：北京城建道桥建设集团有限公司

（1）施工单位对复工人员的安全技术交底针对性不强。

（2）施工现场出入场登记信息不规范。

3. 海淀北部地区整体开发西北旺镇亮甲店HD00-0404-6005、6006地块R2二类居住用地项目（HD00-0404-6006地块4#住宅楼等3项、HD00-0404-6005地块1#住宅楼等15项）

建设单位：北京建邦中铁房地产开发有限公司

监理单位：北京双圆工程咨询监理有限公司

施工单位：中铁六局集团有限公司

（1）现场A205宿舍已入住，门口室内人员信息表未及时更新。

（2）个别宿舍内卫生较差，物品摆放混乱。

（3）监理单位应及时单独编制传染病防控应急预案。

针对以上工程存在的问题，我委对工程所有参建单位进行全区通报批评，并在海淀区住建委网站进行公示。希望各工程参建单位吸取教训，引以为鉴，认真贯彻落实市、区住建委各项工作要求，确保我区施工现场疫情防控和安全生产形势稳定。

特此通报。

北京市海淀区住房和城乡建设委员会

2020年2月26日

例文3分析

情况通报的写法是开头概述基本情况，或交代行文目的、意义或原因。主体部分主要传达所通报的精神或情况内容，简明扼要，突出重点。结尾一般针对上述情况，提出应对措施或今后的工作要求。

注意事项

1. 通报的写作要求

（1）通报的事件要具有典型性。

（2）事件的陈述要简洁而明确。

（3）对事件的分析评价要客观、公正。

2. 通报与决定的区别

两者在行文上都有奖惩的内容。但是，通报主要用于表彰先进，批评错误，表彰或批评的事例要典型；决定的表彰与惩戒多是例行公事。虽然它们都有奖励先进与批评错误的性质，但是，决定适用于表彰影响力极大或惩戒行为恶劣的重要事项。决定从规格上看低于命令，高于通报，一般性的奖惩或者基层单位的奖惩活动用通报即可。

区别	表彰、批评性通报	奖惩性决定
出发点与侧重点不同	使受文单位了解要表彰或批评的个人或集体的相关事件，从而使其受到鼓舞教育或鞭策警示，其着眼点在事实本身，重在宣传与教育	重在处置，它着眼于对有关单位或个人进行奖惩，它代表领导层的权威意志，奖功罚过是其首要目的
内容的详略安排不同	除了介绍先进事迹或错误事实外，更重要的是要对事实做出客观的分析评价，并提出希望与要求	一般重在介绍先进事迹或错误事实及组织的处理决定

3. 通报与通知的区别

（1）适用范围不同。通知用于批转和转发文件，任免和聘用干部，告知需办理和周知的事项等一般工作。通报则选出好坏或正反面典型，或者某些问题与不良倾向，以及比较重要的情况，在单位范围内表彰先进个人，批评犯错的下属单位或个人，传达重要精神。

（2）目的不同。通知目的是告知事项，布置工作，部署行动，受文单位要按照要求执行。通报的目的不在于贯彻执行，而是通过正反两方面的典型教育人们，或通过传达重要精神和情况引起人们的注意，没有具体执行的事项。

（3）表达方式不同。通知的写作主要采用叙述、说明的表达方式，即告诉人们做什么、怎么做。通报兼用叙述、议论和说明等表达方式。

区别	通知	通报
目的和要求不同	通过布置具体任务、提出详细的规范化要求和有关规则，达到指导和推动工作的目的	主要通过传达典型事件或重要情况，发挥宣传教育或沟通交流的作用，执行方面的相关要求比通知更具概括性，甚至不涉及具体的执行要求
作用不同	传达、告知有关事项，还具备批转、转发文件的功能	传达、告知有关事项，还有表彰先进、批评错误的作用
表达方式不同	以叙述和说明为主要表达方式，语言平实、具体	可兼用叙述、说明、议论等手法，陈述事实，说明问题，分析评价，具有较强的感情色彩

习作训练

1. 通知与通报的相同之处是________。（多选）

A. 都是告知性文种

B. 都要求有关单位和人员了解公文内容或配合行动

C. 都是下行文

D. 都有公开性

2. 通报的适用范围是________。（多选）

A. 表彰先进

B. 批评错误

C. 传达重要精神

D. 要求有关单位和个人了解公文内容或配合行动

3. 完成办文情境的写作任务。

项目四
纪　要

办文情境

北京市某律师事务所与某职业院校的双方领导共商校企合作办学，联席会议上达成协议签订合约：作为该校某专业顶岗实习基地，从2020年9月开始，学生分期分批到事务所进行为期四周的岗位实习。律师事务所精挑细选张律师等骨干律师担任实习生导师，以职业工作岗位的知识与技能要求标准培养学生，让学生切身体会律师助理应具备的职业素养和职业能力，满足他们了解工作实际、体验企业文化的需求，使其提前适应社会，为将来走向工作岗位积累必要的实践经验和技能，为今后的发展夯实基础。律师事务所实习律师助理小李根据会议记录撰写会议纪要，要求与会单位认真贯彻执行。

学习任务

拟写会议纪要。

任务分析

《党政机关公文处理工作条例》规定：纪要，适用于记载会议主要情况和议定事项。

纪要作为指示性文件具有一定的权威性，可指导有关方面统一认识，要求与会单位共同遵守执行。它是根据会议的主导思想、会议记录、文件和其他有关资料，对会议的重要内容、决定事项及主要观点和结论进行综合整理、摘要分析，归纳而形成的公文。其用于沟通情况，交流经验，指导实际工作，既可以上传，也可以下达，或被批转、转发给有关单位让其贯彻落实，是传达贯彻会议精神的主要依据。

基础知识

一、纪要的适用范围

《条例》规定：纪要，适用于记载会议主要情况和议定事项。纪要记载和传达会议情况、议定事项和主要精神，要求与会单位共同贯彻执行，具有纪实性和指导性。

二、纪要的结构与写法

1. 标题

（1）制发机关+会议名称+文种。

（2）会议名称+文种。

（3）主副标题（由说明会议意义或内容的正标题，与说明会议名称和文种的副标题共同构成）。

2. 正文

（1）导语。导语也就是原由，概述会议基本情况，交代会议召开单位、时间、地点、参加人员、中心议题和主要议程等。

（2）主体。说明会议的主要内容，即主要精神与议定的事项。其主要有三种形式：一是条款式，把会议讨论的问题和议定的事项按照主次分条列项，逐一说明。二是综合式，将会议议定的事项进行综合概括，分成若干部分进行说明。三是摘要式，把与会者发言要点摘录出来，按照发言顺序或内容性质安排先后来写，尽量保留发言人谈话内容的完整性和风格。

（3）结尾。提出对与会者的期望与要求，要求有关单位认真贯彻执行会议精神，努力完成相关工作任务。也可以没有专门的结尾。

如果未在正文前的标题下标示或注明制发单位名称和制发日期，则要在正文后签署。有的会议纪要无须署名。

例文示范

北京市东城区第十六届人大常委会
第五十四次主任会议纪要

北京市东城区第十六届人大常委会第五十四次主任会议于2020年2月18日召开。会议由区人大常委会主任吴松元主持，共进行了五项议程。

一、讨论有关人事任免事项

会议讨论了区人大常委会办公室、区政府区长金晖，区检察院检察长贺卫提请的有关人事任免事项，决定提请区人大常委会第二十六次会议审议通过。

二、研究东城区人大常委会2020年工作要点和主要议题安排（草案）

会议决定将北京市东城区人大常委会2020年工作要点和主要议题安排（草案）提

请区第十六届人大常委会第二十六次会议审议通过。

三、研究东城区第十六届人民代表大会第六次会议代表建议办理工作意见（草案）

会议决定将代表建议办理工作意见（草案）提请区十六届人大常委会第二十六次会议审议通过。

四、讨论东城区第十六届人民代表大会常务委员会关于东城区2019年重要实事完成情况及东城区2020年重要实事编制情况的报告的决议（草案）

会议讨论了东城区第十六届人民代表大会常务委员会关于东城区2019年重要实事完成情况及东城区2020年重要实事编制情况的报告的决议（草案），决定将决议（草案）提请区第十六届人大常委会第二十六次会议表决通过。

五、研究区第十六届人大常委会第二十六次会议有关事宜

会议决定，定于2月27日召开东城区第十六届人大常委会第二十六次会议，建议议程有六项：传达贯彻市十五届人大三次会议精神；审议通过东城区人大常委会2020年工作要点和主要议题安排（草案）；听取和审议区政府关于东城区2019年重要实事完成情况及东城区2020年重要实事编制情况的报告；审议通过东城区第十六届人民代表大会第六次会议代表建议办理工作意见（草案）；审议通过有关人事任免事项；被任命人员进行宪法宣誓。

会议决定，要严格按照中央以及市、区委有关新冠肺炎疫情防控工作的要求，认真贯彻落实《东城区行政事业单位办公区开展新型冠状病毒感染的肺炎疫情防控工作指导意见》的规定，做好本次常委会会议会场通风消毒以及参会人员健康状况确认等各项防控工作；进一步压缩参会人员，不安排列席人员参会；在防控一线的区人大常委会委员，采取提前发放会议文件并征求意见的方式，不再出席会议，务求疫情防控万无一失。

出席：吴×× 于 × 毛 × 王×× 王×× 许 ×
高××

缺席：张××

列席：朱×× 韩 × 毛×× 陈 × 周×× 张××
陈×× 许×× 孙 × 王 × 王×× 王××
刘 ×

例文分析

纪要一般由前言、纪要内容、结尾三个部分组成。

前言——会议召开的依据、时间、地点、参加单位、议程、主要成果及评价。

纪要内容——反映主要内容及成果，可以概括，也可以按发言顺序写。

结尾——希望、号召。

注意事项

1. 纪要的写作特点

(1)“理之为纪”。对会议繁杂情况和内容进行综合整理，将其中重要的情况、研究决定的重大问题、决策意见等归纳提炼，概括出主要精神与议定事项，传达贯彻，简要集中地反映会议情况及主要精神。

(2)并行性。纪要没有独立行文功能，如需报送上级机关，必须呈送报告加以说明，会议纪要随之一并呈送，如要印发下级机关，前面要附一份通知。

2. 会议纪要与会议记录的区别

区别	会议纪要	会议记录
性质不同	会议记录是讨论发言的实录，属事务文书	会议纪要只记要点，是法定行政公文
功能不同	会议记录一般不公开，无须传达或传阅，只作资料存档	会议纪要通常要在一定范围内传达或传阅，要求贯彻执行

习作训练

1. 修改下面一则纪要，指出不当之处。

××××学会会议纪要

时间：××××年×月×日

参加人员：常务副会长×××，副会长×××、×××、×××，办公室主任×××、副主任×××，活动中心主任×××。

会议内容：

一、确定了学会的办公地点，根据××××年×月×日会议决定，×××、×××同志对学会办公地点进行了考察，经过比较，认为××大学办公条件优越，适合做学会的办公地点。会议决定，即日起××××学会迁到××大学，挂牌办公。通信地址：××市××区××路××号。联系电话：××××××××。

二、学会与××大学商定，由××大学给学会提供办公室、办公桌椅、电话和必要的办公费用。利用××大学的教学条件，双方共同组织举办秘书培训班等。

三、增补了学会副会长。为便于开展工作，建议增补××为学会副会长，负责学会的后勤保障和日常管理，先开展工作，以后提请×月份常务理事会确认。

四、制订了今年的活动计划。(略)

××××学会

××××年×月×日

2. 完成办文情境的写作任务。

参考文献

[1] 李向珍，杜雨桐．实用法律文书写作［M］. 4版．北京：中国人民大学出版社，2021.

[2] 马宏俊．法律文书写作与训练［M］. 4版．北京：中国人民大学出版社，2019.

[3] 潘庆云．法律文书［M］. 3版．北京：中国政法大学出版社，2012.

[4] 平云旺．新编常用法律文书全书［M］. 北京：中国法制出版社，2011.

[5] 鲍雷，刘玉民．法院诉讼文书格式样本［M］. 北京：人民出版社，2009.

[6] 周道鸾．法律文书教程［M］. 北京: 法律出版社，2008.

[7] 宁致远．法律文书与律师实务写作［M］. 2版．北京：高等教育出版社，2000.

[8] 彭建新，韩艳．法院书记员工作实务［M］. 武汉：华中科技大学出版社，2011.

[9] 许文海．法院书记员工作实务［M］. 北京：中国政法大学出版社，2015.

[10] 唐国娟．应用文情境写作实训教程［M］. 2版．北京：化学工业出版社，2016.

[11] 姬瑞环，张虹．公文写作与处理［M］. 4版．北京：中国人民大学出版社，2016.

[12] 郭冬．秘书写作［M］. 4版．北京：高等教育出版社，2021.

[13] 高彤心．应用写作实训教程［M］. 2版．北京：高等教育出版社，2015.

互动空间

互动空间

互动空间

互动空间

互动空间

互动空间

互动空间

互动空间

互动空间

互动空间